기독교문서선교회 (Christian Literature Center: 약칭 CLC)는 1941년 영국 콜체스터에서 켄 아담스에 의해 시작되었으며 국제 본부는 미국 필라델피아에 있습니다.
국제 CLC는 약 650여 명의 선교사들이 59개 나라에서 180개의 서점을 운영하며 이동 도서 차량 40대를 이용하여 문서 보급에 힘쓰고 있으며 이메일 주문을 통해 130여 국으로 책을 공급하고 있는 국제적 문서선교 기관입니다.

추천사 1

●

정 동 섭 박사
가족관계연구소 소장, 전 한국침례신학대학교, 한동대학교 상담심리학 교수

사랑은 배워야 한다. 끊임없이 배워야 한다. 사랑을 배우는 데는 끝이 없다.
-캐서린 앤 포터(Katherine Ann Porter)-

성경 다음으로 사랑에 대해 가장 많이 읽히는 책은 아마도 에릭 프롬(Erich Fromm)의 『사랑의 기술』이라는 책일 것입니다. 프롬은 유대인 출신의 철학자로 사랑을 정의하고서 이렇게 말했습니다.

(사랑은) 엄청난 소망과 기대로 시작되지만, 정기적으로 실패하는 기업으로서 사랑만 한 것을 찾아보기 힘들다.

사랑한다고 시작한 수많은 부부가 이혼으로 끝나는 것을 보면 이 말은 사실인 것 같습니다.
저명한 사회과학자 로버트 스턴버그(Robert J. Sternberg)는 부부간의 사랑은 '열정'(passion), '친밀감'(intimacy), '헌신'(commitment)이라는 뜨겁고, 따뜻하고, 차가운 세 가지 재료의 배합이 필요하다고 했습니다.

남녀 간 또는 부부간의 사랑과 관련하여 우리가 던질 수 있는 세 가지 중요한 질문은 다음과 같습니다.

첫째, 사랑이란 무엇인가?
둘째, 사람은 사랑을 어떻게 주고받는가?
셋째, 어떻게 사랑이 평생 지속되게 만들 수 있는가?

위 질문에 대해 저자 김영민 목사는 이 책에서 명쾌하며 속 시원한 답을 제시하고 있습니다. 행복하게 사는 것은 신비스러운 일이라기보다는 성경에 나타난 하나님의 아가페 사랑을 알아 그 진리 안에서 살아가는 것이라고 말합니다.

김 목사는 신구약 성경에서 말하는 네 가지 사랑, 즉 에로스(eros), 필레오(phileo), 스토르게(storge), 아가페(agape)의 차이를 설명한 후에 이 모든 것을 아우르는 최고의 사랑은 사도 바울이 제시한 고린도전서 13장의 사랑, 곧 아가페 사랑임을 말하고 있습니다.

그의 강해 설교는 신구약의 특별 계시와 철학, 심리학 등의 일반계시가 균형 있게 반영되어 있고, 누구나 이해할 수 있는 언어로 전달됩니다. 사랑하는 이웃에게 선물하여 믿음, 소망, 사랑의 복음을 널리 전파해 주시기를 바랍니다.

이 책을 읽고 은혜받은 분들에게 김 목사님의 『산상수훈 강해』와 『시편 23편 강해』도 함께 읽어보라고 권하고 싶습니다. 부르지 않는 노래는 노래가 아니고, 표현하지 않는 사랑은 사랑이 아니라고 했습니다. 이 책을 읽음으로 배운 사랑을 실천하고, 행하고, 표현함으로 당신의 가정과 교회가 사랑의 공동체로 거듭나기를 축복합니다.

추천사 2

배 본 철 박사
성결대학교 명예교수, 성령의삶코스 대표

저자 김영민 목사님은 치유사역에 관한 이론과 실천을 겸비한 훌륭한 저술가요 목회자로 잘 알려진 분입니다. 그가 이번에 고린도전서 13장을 가지고 심도 있게 한 권의 책을 저술했다는 것도 놀랍지만, 이 장이 지닌 의미가 복음의 핵심을 보여 주고 있다는 저자의 통찰력은 방황하고 있는 교계를 향해 갱신의 메시지를 던져 주고 있다는 점이 매우 도전적으로 다가옵니다.

그의 성경 해석은 모호한 알레고리가 아니라 명확한 본문 비평과 실천적 경험에 근거하며, 거기에 풍성한 교회사적 인물의 사랑에 대한 교훈과 실천의 예시들이 우리의 관심을 더해 줍니다. 많은 사람이 고린도전서 13장을 평범한 크리스천이 도달하기에는 어려운 영성의 단계에 있는 것이라고 제쳐 놓기도 했지만, 저자는 그것은 그리스도 안에서 가장 작은 자라도 실천 가능하며, 또한 우리에게 요청되고 있는 하나님 나라의 소명이라고 부르짖고 있습니다.

이 저술에서 특히 눈길을 끄는 것은 역시 성령과 치유의 사역에 몸 담고 있는 저자답게 사랑과 성령의 은사와의 바람직한 관계를 논하고 있다는 점입니다.

'사랑 장'인 고린도전서 13장의 바로 앞인 12장과 바로 뒤인 14장에 성령의 은사에 관한 내용이 기록되어 있는 이유가 무엇입니까?

그것은 성령의 은사를 유익하게 사용하기 위한 가장 좋은 길은 '사랑의 길'(the way of love), 즉 사랑으로 사용하는 길이기 때문입니다. 이처럼 저자는 우리 주변에서 일어나는 유사 복음과 열광주의적 영성운동을 분별하는 잣대로서 아가페 사랑의 정신을 중시합니다.

결국, 저자는 참 하나님 사랑의 구현은 우리가 성령을 철저히 의지하고 성령께 우리 자신을 내어드릴 때 우리 안에 있는 하나님의 아가페 사랑으로 우리도 다른 사람들을 사랑할 수 있다고 제시합니다. 고린도전서 13장의 사랑의 속성은 철저히 성령께 복종하는 삶을 통해서만 나타날 수 있습니다. 성령 충만이란 방언, 예언, 지식 등을 넘어서 사랑의 실천으로 구현됩니다.

> 우리에게 주신 성령으로 말미암아 하나님의 사랑이 우리 마음에 부은 바 됨이니 (롬 5:5).

그리고 위 말씀처럼 성령 충만이 우리에게 사랑의 충만한 부으심을 약속하신다고 강조하고 있습니다. 이러한 저자의 신념은 결국 오늘날 혼탁한 영계(靈界)를 바로 잡을 수 있는 가장 핵심적인 덕목이요 잣대가 되는 것이 사랑이라고 보는 점에서 큰 의미가 있습니다.

더 나아가 저자는 인간으로서 정말 잘 사는 삶은 바로 사랑하는 삶이며, 사랑의 구현에 목표를 둔 인생이 보람 있는 인생이며, 믿음으로 시작한 구원의 신앙은 곧 사랑으로 열매 맺어가는 것이라고 외칩니다. 저자는 교회의 역사 속에 전개되는 하나님 나라의 완성은 결국 '사랑의 완성'이라고 보면서, 교회는 이러한 사랑의 계명을 이 땅 위에 구현해 나가는 거룩한 공동체라고 봅니다.

이러한 김영민 목사님의 저술은 하나님의 사랑(the love of God) 그리고 하나님을 향한 사랑(the love for God)의 견인차로 기독교 신학과 삶의 총체적인 운동을 이끌고 있다는 점에서 매우 큰 가치를 보여 주는 작품입니다.

추천사 3

● ● ●

박 종 근 목사
GMP 개척선교회 이사장, 서울모자이크교회 담임

  21세기 중반을 넘어가는 이 시점에 한국 교회 강단을 풍요롭게 해 줄 강해설교집 출간 소식을 접하면서 반가운 마음으로 독자들과 함께 기쁨을 나누고 싶습니다. 이 책은 연구되고 만들어진 책이라기보다는 성경을 깊이 아는 저자 김영민 목사의 영성적 삶이 배어 있는 일상의 신앙고백이어서 저의 언어로 표현하기에 부족할 따름입니다.
  첫 장에서 이 강해집의 태동을 밝히면서 "하나님 앞에서 정말 잘 살고 싶다"라는 사모님의 인생 돌아보기를 통해 저자가 깊은 영감을 받아 집필하셨기에 이 강해집은 두 분의 사랑이 어우러진 작품이라 생각합니다.
  김 목사의 『고린도전서 13장 강해』는 오케스트라의 연주입니다. 사랑이란 본래 시이고 노래이기 때문입니다. 저자의 통찰력과 관찰은 텍스트를 무섭게 파고드는 열정이 있고, 단어 하나까지 몰두한 세심함은 성경에 대한 진지함과 명확한 표현으로 진리를 어렵지 않게 받아들이게 하는 매력이 있습니다.
  또한, 강해의 지루함을 해소하기 위해 방대한 자료를 준비한 것은 저자의 독서와 연구의 열정에 남다른 수고가 있었음을 짐작할 수 있습니다. 그리고 현대 설교에서 가장 난감한 예화와 적용 부분을 적절하게 채워준 것은 아무리 보고 보아도 의미 전달의 백미(白眉)가 아닐 수 없습니다.

사랑이 서툴고 사랑이 메마른 시대에 하나님의 아가페 사랑을 온몸으로 체득할 수 있는 값진 책을 만났으니 어찌 기쁘지 않을 수 있겠습니까?

단언컨대, 『고린도전서 13장 강해』를 통해 저자가 마음으로 부르는 사랑의 목양송(牧羊頌)을 들으며 독자들은 즐거움과 행복을 느끼게 될 것입니다. 좋은 꼴을 먹이려는 목자의 정성 어린 상차림과 그것을 알고 기다리는 양들의 모습이 연상되어 이 책의 원고를 읽는 내내 감동이 멈추지 않았습니다.

더 바라기는 저자의 열정과 사랑의 숨소리가 우리 모두를 아가페 사랑의 전령자(傳令者)로 세워서 주변에 사랑의 향기를 진하게 풍길 수 있기를 바라며 이 책을 기쁜 마음으로 추천합니다.

추천사 4

· · · · ·

이 재 화 선교사
GMP 개척선교회 대표

　길벗교회 담임목회자와 GMP 개척선교회의 이사로 목회 현장과 선교 현장에서 상처 입은 영혼의 치유와 회복을 위해 평생 헌신해 오신 김영민 목사님이『고린도전서 13장 강해』를 출간한다는 소식을 듣고 무척이나 반가웠습니다.
　이 책은 비록 얇으나 그 내용의 가치로 인해 무거운 책이라고 생각합니다. 침상 옆에 두고 매일 매일 곱씹어 읽으시길 권합니다.
　김 목사님은 본고(本庫)를 마무리하시면서 사랑의 스펙트럼 15가지에 대해 다음과 같이 성경 주석가 벵겔과 영국의 유명한 평신도 신학자 C. S. 루이스의 말을 인용했습니다.

　　사랑만이 그리스도인들로 하여금 하나님을 닮게 한다.

-벵겔(Bengel, Margaret)-

　　우리는 에로스(eros)에 의해 태어나고, 스토르게(storge)에 의해 양육되고, 필레오(phileo)에 의해 성숙하고 아가페(agape) 사랑으로 완성된다.

-C. S. 루이스(C. S. Lewis)-

위의 인용문은 지금까지 감당해 오신 치유 사역과 목회의 핵심에 대한 김 목사님의 고백이 응축되어 있습니다.

오랫동안 지중해 동쪽의 소아시아 땅을 섬겼습니다. 터키인들은 거의 모든 음식의 맛을 낼 때 토마토를 사용합니다. 토마토가 들어가야지만 음식의 풍미가 깊어지고, 완벽한 맛이 납니다. 고린도전서 13장의 사랑에 대한 김 목사님의 글을 읽으면서 '하나님의 사랑은 이 토마토와 같구나' 하는 생각을 하면서, 동시에 토마토 같은 하나님의 사랑을 실천하는 주변 사람들도 생각났습니다.

이 책이 교회와 성도들의 영적 유익과 성숙 그리고 그리스도의 장성한 분량까지 자라가는데 귀하게 사용되리라 믿고 기꺼이 추천합니다.

고린도전서 13장 강해

제일은 사랑이라

그런즉 믿음, 소망, 사랑 이 세 가지는 항상 있을 것인데
그 중의 제일은 사랑이라

And now these three remain: faith, hope and love.
But the greatest of these is love.

(고전 13:13)

A Practical Exposition on 1 Corinthians 13
Written by Young MinKim
All rights reserved.
Korean Edition Copyright ⓒ 2025 by Christian Literature Center, Seoul, Korea.

고린도전서 13장 강해
제일은 사랑이라

2025년 1월 25일 초판 발행

지 은 이 | 김영민

편　　집 | 추미현
디 자 인 | 이보래
펴 낸 곳 | (사)기독교문서선교회
등　　록 | 제16-25호(1980. 1. 18.)
주　　소 | 서울특별시 동대문구 천호대로71길 39
전　　화 | 02-586-8761~3(본사) 031-942-8761(영업부)
팩　　스 | 02-523-0131(본사) 031-942-8763(영업부)
이 메 일 | clckor@gmail.com
홈페이지 | www.clcbook.com
송금계좌 | 기업은행 073-000308-04-020 (사)기독교문서선교회
일련번호 | 2025-1

ISBN 978-89-341-2776-5(03230)

이 책의 출판권은 (사)기독교문서선교회가 소유합니다.
신저작권법에 의하여 한국 내에서 보호를 받는 저작물이므로 무단 전재와 무단 복제를 금합니다.

A practical Exposition on 1 Corinthians 13

고린도전서 13장 강해
제일은 사랑이라

김영민 지음

CLC

목차

추천사 1	**정 동 섭 박사**	가족관계연구소 소장	001
추천사 2	**배 본 철 박사**	성령의삶코스 대표	003
추천사 3	**박 종 근 목사**	GMP 개척선교회 이사장	006
추천사 4	**이 재 화 선교사**	GMP 개척선교회 대표	008

저자 서문 ... 017

제1장 가장 큰 계명 ... 022

제2장 하나님의 사랑, 아가페 사랑! ... 041
1. 에로스(Eros) ... 043
2. 필레오(Phileo) ... 045
3. 스토르게(Storge) ... 047
4. 아가페(Agape) ... 048

제3장 사랑의 위대성과 탁월성(1) ... 056
1. 방언입니다 ... 059
2. 천사의 말입니다 ... 065
3. 모든 비밀과 모든 지식을 아는 예언의 능력입니다 ... 066

제4장 사랑의 위대성과 탁월성(2) ... 073
1. 산을 옮길 만한 믿음입니다 ... 077
2. 내게 있는 모든 것을 주는 구제입니다 ... 081
3. 내 몸을 불사르게 내어 주는 순교입니다 ... 086

제 5 장	아가페 사랑의 특성(1)	090
	1. 사랑은 오래 참습니다	093
	2. 사랑은 온유합니다	096
	3. 사랑은 시기하지 않습니다	101
제 6 장	아가페 사랑의 특성(2)	108
	1. 사랑은 자랑하지 않습니다	109
	2. 사랑은 교만하지 않습니다	116
	3. 사랑은 무례(無禮)히 행하지 않습니다	126
제 7 장	아가페 사랑의 특성(3)	130
	1. 사랑은 자기의 유익을 구하지 않습니다	131
	2. 사랑은 성내지 않습니다	137
제 8 장	아가페 사랑의 특성(4)	150
	1. 사랑은 악한 것을 생각하지 않습니다	151
	2. 사랑은 불의(不義)를 기뻐하지 않습니다	155
	3. 사랑은 진리와 함께 기뻐합니다	158
제 9 장	아가페 사랑의 특성(5)	168
	1. 사랑은 모든 것을 참습니다	169
	2. 사랑은 모든 것을 믿습니다	174

제10장	아가페 사랑의 특성(6)	180
	1. 사랑은 모든 것을 바랍니다	181
	2. 사랑은 모든 것을 견딥니다	190
제11장	아가페 사랑의 영원성	197
제12장	아가페 사랑의 완전성	211
제13장	신앙생활의 3대 덕목(德目): 믿음, 소망, 사랑	227
제14장	아가페 사랑의 지고성(至高性)	241
	1. 믿음은 영원히 존재합니다	244
	2. 소망도 영원히 존재합니다	245
	3. 사랑도 영원히 존재하며 지고(至高)한 것 입니다	246

저자 서문

김 영 민 목사
길벗교회 담임

고린도전서 13장을 읽거나 묵상할 때마다 무심코 입에서 흥얼거리며 흘러나오는 복음 성가가 있습니다. 예전에 청년 시절에 자주 불렀던 〈사랑은 오래 참고〉라는 복음 성가입니다. 이 복음 성가는 신자는 물론이고 믿지 않는 사람들까지 애창(愛唱)하는 노래였고 결혼식 축가로도 많이 사용되었습니다.

고린도전서 13장, '사랑 장'(章)은 수많은 사람에게 감동을 주며 애송(愛誦)되는 귀한 말씀입니다. 고린도전서 13장은 하늘의 수많은 별 중에서 가장 찬란히 빛나는 별과 같고, 보석 중에서도 제일 귀하고 아름다운 보석과 같습니다. 왜냐하면, 사랑은 기독교 신앙의 핵심이고 중심이며 근본정신이기 때문입니다(마 22:37-40; 요 13:34).

하나님은 사랑이시기에(요일 4:8, 16), 다른 어떤 것도 사랑보다 우선일 수 없고, 사랑보다 중요할 수 없습니다. 하나님은 사랑 때문에 죄인인 우리를 위해 독생자 예수 그리스도를 이 세상에 보내셨습니다. 그리고 그 독생자를 우리 죄를 속(贖)하기 위하여 화목제물로 우리 대신 십자가에서 심판하셨습니다(요일 4:9-10).

이렇게 중요한 '사랑의 삶'과 밀접한 관련이 있는 고린도전서 13장을 주일마다 강해하게 된 계기가 있었습니다. 올해 2개월 동안 안식월을 가지면서 주중에는 주로 강화도에 있는 기도원에서 보냈습니다. 안식월 시작 전부터 계획하기를 안식월을 마친 후에 매 주일 '사도신경 강해'를 하려고 했습니다.

그런데 기도원에서 '사도신경 강해'를 준비하던 중에 어느 날 갑자기 성령께서 고린도전서 13장을 강해 설교하기를 원하신다는 강한 감동을 주셨습니다. 그래서 두 달 가까이 고린도전서 13장 전체를 깊이 묵상하며 연구하게 되었고, 안식월을 마치고 교회로 돌아와 열네 번에 걸쳐 주일마다 고린도전서 13장을 강해 설교했습니다. 이 설교를 바탕으로 『고린도전서 13장 강해』를 출간하게 된 것입니다.

고린도전서 13장 강해 설교를 준비하는 2개월 동안 그 말씀을 통해 큰 은혜와 감동을 경험하였고, 깨달은 진리들을 삶 속에서 하나씩 구체적으로 실천할 수 있었습니다. 그리고 깨닫고 실천한 말씀을 간절한 기도로 준비한 후 주일마다 말씀을 선포했습니다. 그 결과 사랑하는 성도들과 함께 고린도전서 13장의 깊은 은혜 속으로 들어가는 것을 경험하게 되었습니다.

고린도전서 13장을 강해하면서 '남아프리카의 성자'로 불렸던 앤드류 머레이(Andrew Murray, 1828-1917)의 일화(逸話)를 소개한 적이 있습니다.

앤드류 머레이는 하나님이 기뻐하시는 사랑의 삶을 살기를 간절히 원했기에 평생토록 매일 아침, 무릎을 꿇고 고린도전서 13장을 기도하는 마음으로 읽으며 하루를 시작했습니다.

그리고 매 순간 그 말씀을 기억하며 성령님을 의지하여 사랑의 삶을 살기 위해 부단히 애쓰고 노력했습니다. 그 결과 앤드류 머레이는 하나님이 기뻐하시는 '사랑의 사람'이 되어 날마다 구체적으로 사랑을 실천하며 살 수 있었습니다.

이런 앤드류 머레이의 일화를 소개하며 성도들에게 다음과 같이 권면했습니다.

"우리도 앤드류 머레이처럼 매일 아침 고린도전서 13장을 소리내어 읽은 후 하루를 시작합시다!"

얼마 후 어느 젊은 남자 집사님이 그것을 실천하는 것을 알게 되었고 참 감사했습니다. 말씀을 듣고 그대로 실천하려고 하는 그의 마음이 순수하고 아름다워 보였습니다.

여러분도 매일 아침 고린도전서 13장을 소리내어 읽으며 하루를 시작하시고, 또 이 책 『고린도전서 13장 강해』를 가까이에 두고 자주 읽으며 깊이 묵상하시길 간곡히 부탁드립니다. 그렇게 할 때 고린도전서 13장의 말씀을 망각하지 않고 날마다 삶의 현장과 모든 상황 속에서 구체적으로 적용하고 실천하며 살 수 있습니다.

우리는 읽고 들었던 말씀을 너무나 쉽게 망각하는 경향이 있습니다. 그래서 하나님께서는 이스라엘 백성이 가나안 땅에 들어가 왕을 세우게 될 때 왕위에 오른 왕은 반드시 다음과 같이 해야 한다고 명령하셨습니다.

[신 17:18-20] 그가 왕위에 오르거든 이 율법서의 등사본을 레위 사람 제사장 앞에서 책에 기록하여 평생에 자기 옆에 두고 읽어 그의 하나님 여호와 경외하기를 배우며 이 율법의 모든 말과 이 규례를 지켜 행할 것이라 그리하면 그의 마음이 그의 형제 위에 교만하지 아니하고 이 명령에서 떠나 좌로나 우로나 치우치지 아니하리니 이스라엘 중에서 그와 그의 자손이 왕위에 있는 날이 장구[長久]하리라.

이렇게 왕위에 오른 왕이 율법책을 평생에 자기 옆에 두고 시간마다 읽을 때, 하나님의 말씀을 잊지 않고 기억하면서 겸손히 하나님 경외하기를 배우며 율법의 모든 말씀을 지켜 행할 수 있습니다. 그때 왕은 좌로나 우로나 치우치지 않고 정도(正道)를 걸으면서 하나님의 놀라운 축복을 경험할 수 있었습니다.

이 책을 읽는 여러분도 『고린도전서 13장 강해』를 늘 곁에 두고 자주 읽고 묵상한다면 그런 놀라운 축복을 경험할 수 있을 것입니다. 이 강해집이 성령으로 말미암아 거듭난 우리 마음에 부어진 하나님의 아가페 사랑(롬 5:5)이 어떠한 사랑인지를 깊이 인식하는데 도움이 되기를 바랍니다.

사랑이 없으면 방언도, 천사의 말도, 모든 비밀과 모든 지식을 아는 예언의 능력도, 구제도, 심지어 우리 생명을 주님 앞에 드리는 순교도 아무것도 아니고, 우리에게 아무런 유익이 없습니다(고전 13:1-3).

지금도 여전히 하나님의 아가페 사랑 안에 있는 우리가 '사랑의 영'이신 성령의 능력과 도우심을 힘입고 날마다 우리 삶의 현장인 가정과 직장과 교회와 사회에서 하나님의 아가페 사랑을 구체적으로 실천해 나가는 데도 도움이 되기를 소원합니다.

이렇게 말씀을 따라 사랑의 삶을 살게 될 때 우리 인생은 아가페 사랑의 만세 반석(萬歲 磐石) 위에 세워져서 마지막 심판 날까지 무너지지 않고 견고하게 버티고 서 있게 될 것입니다. 그리하여 우리는 마지막 심판 날, 반석 위에 집을 세운 지혜로운 자로서 심판 주이신 주님의 칭찬과 영원한 영광과 상급을 받게 될 것입니다.

이 책이 출간되기까지 30여 년을 길벗교회에서 목회하는 동안 한결같은 마음으로 동역해 주신 당회원들과 모든 성도님 그리고 교역자들에게 진심

어린 감사를 드립니다. 또한, 부족한 남편이지만 늘 사랑의 마음으로 염려하고 기도하며 필요한 조언과 격려와 도움을 아끼지 않는 사랑하는 아내에게도 진심을 담은 고마운 마음을 전합니다.

  무엇보다 고린도전서 13장 강해 설교의 계획과 준비와 실제 설교 그리고 이 책의 발간까지 모든 과정을 선하게 인도해 주시고 함께하시면서 도우신 삼위(三位) 하나님께 모든 영광을 올려드립니다.

Soli Deo Gloria!
할렐루야!

— 제1장 —
가장 큰 계명

> [고전 12:31-13:3; 14:1] 너희는 더욱 큰 은사를 사모하라 내가 또한 가장 좋은 길을 너희에게 보이리라 내가 사람의 방언과 천사의 말을 할지라도 사랑이 없으면 소리 나는 구리와 울리는 꽹과리가 되고 내가 예언하는 능력이 있어 모든 비밀과 모든 지식을 알고 또 산을 옮길 만한 모든 믿음이 있을지라도 사랑이 없으면 내가 아무 것도 아니요 내가 내게 있는 모든 것으로 구제하고 또 내 몸을 불사르게 내줄지라도 사랑이 없으면 내게 아무 유익이 없느니라 … 사랑을 추구하며 신령한 것들을 사모하되 특별히 예언을 하려고 하라.

여러분에게 한 가지 중요한 질문을 하려고 합니다.

여러분이 이 세상을 떠나면서 가장 아쉬워하고 후회할 일이 무엇일 것 같습니까?

그것은 더 많이 사랑하지 못한 것일 것입니다. 사랑하는 아내나 남편, 자녀, 부모 형제, 믿음의 형제 그리고 주위 사람들을 더 많이 사랑하지 못한 것이 가장 아쉽고 후회되는 일일 것입니다. 저 역시 지난 2개월 동안 안식월을 보내면서 그런 생각을 많이 했습니다. 그래서 남은 사역 기간과 남은 생애 동안 더 많이 사랑하며 살아야겠다고 굳게 다짐하며 간절히 기도했습니다. 그런 다짐과 간절한 기도 그리고 성령께서 주시는 감동을 따라 안식월을 마치고 '사랑 장'(章)인 고린도전서 13장을 강해하게 되었습니다.

십여 년 전에 아내가 한 이야기가 기억납니다. 아내가 어느 날 식당에서 저녁 식사를 하며 창밖을 내다보는데 해가 뉘엿뉘엿 지면서 바깥에 어둠이 임하기 시작했습니다. 그 순간 갑자기 안타까운 마음과 함께 간절한 열망이 마음 깊은 곳에서부터 물밀듯이 올라왔다고 합니다.

'아, 오늘 하루도 이렇게 지나가는구나!
하나님 앞에서 정말 잘 살고 싶다!'

그날 밤, 아내는 저녁에 있었던 일을 곰곰이 생각하며 일기를 쓴 후 하나님께 이렇게 기도했다고 합니다.

"하나님, 정말 하나님 앞에서 잘 사는 것이 무엇일까요?
전도 열심히 해서 영혼들을 구원하는 것입니까?
사람들을 상담하여 그들을 위로하고 돕는 것입니까?
말씀을 열심히 가르치는 것입니까?"

그 순간, 갑자기 하나님께서 이렇게 말씀하시는 것 같았다고 합니다.
"영숙아, 정말 잘 사는 삶이 무엇인지 아니?

그것은 바로 사랑하는 삶이란다."

하나님께서는 하나님의 사랑으로 사람들을 사랑하고, 살리고, 세우는 '사랑의 삶'이 하나님 앞에서 진정으로 잘 사는 삶인 것을 깨우쳐 주셨습니다.

어느 목사님도 같은 이야기를 했습니다.

> 교회는 영적으로 그리스도 예수께 접붙여진 몸이다. 그리스도가 머리다. 따라서 교회는 예수님의 통치를 받고, 생명을 나누어 주어야 하고, 신자들이 한 몸을 이루어 사랑하면서 공동체성(共同體性) 속에 살아야 한다. … 구원은 개인적인 것이 아니다. 구원받아 그리스도의 몸이 되어, 몸 된 성도들이 하나님 나라를 위해 분투하며 사는 것이 (교회의) 사명이다.
>
> 결국, 하나님 나라의 완성은 '사랑의 완성'이다. 교회는 그 틈에서 실현하도록 하는 도구다. 하나님 나라 확장은 '사랑의 확장'이다. 사랑과 하나님의 통치, 그리고 영적 자원을 보여 주는 것이 선교이고, 교회의 근본 가치다.

이처럼 '사랑의 삶'은 너무나 중요합니다. 왜냐하면, 사랑이 우리 삶과 인간관계의 견고한 기초와 토대가 되기 때문입니다. 따라서 우리가 이 땅에서 아무리 놀라운 일들을 행하고, 아무리 훌륭한 업적을 성취한다고 할지라도 사랑에 근거하지 않는다면 다 모래 위에 지은 집과 같습니다.

어느 날 한 율법사가 주님께 나아와 물었습니다.

"율법 중에 어느 계명이 가장 크니이까?"

그때 주님께서는 '사랑의 계명'이 가장 큰 계명이라고 대답하셨습니다.

[마 22:37-40] 예수께서 이르시되 네 마음을 다하고 목숨을 다하고 뜻을 다하여 주 너의 하나님을 사랑하라 하셨으니 이것이 크고 첫째 되는 계명이요 둘째도 그와 같으니 네 이웃을 네 자신 같이 사랑하라 하셨으니 이 두 계명이 온 율법과 선지자의 강령[綱領]이니라.

여기 나오는 "강령"(綱領)을 국어사전에서는 "어떤 일의 으뜸이 되는 큰 줄거리"라고 설명합니다.

따라서 "이 두 계명이 온 율법과 선지자의 강령(綱領)이니라"라는 말씀은 "하나님 사랑과 이웃 사랑의 두 계명이 온 율법과 선지자, 즉 구약성경의 으뜸이 되는 큰 줄거리이니라"라는 뜻입니다. 원래 "강령(綱領)이니라"의 헬라어는 '크레마타이'이며 '매달다'(hang)라는 뜻을 가지고 있습니다. 헬라어 원문에는 이 구절을 이렇게 기록하고 있습니다.

[마 22:40, 헬라어 원문] 모든 율법과 선지자가 이 두 계명에 매달려 있다.

그래서 NIV 영어 성경은 이렇게 번역했습니다.

[Matt 22:40] All the Law and the Prophets **hang on these two commandments**.

여기 나오는 "모든 율법과 선지자"는 구약성경 전체를 가리킵니다. 주님께서는 온 율법과 선지자, 즉 구약성경 전체가 하나님 사랑과 이웃 사랑의 두 계명에 매달려 있음을 강조하십니다. 그러므로 구약성경에서 하나님 사랑과 이웃 사랑의 두 계명을 제외하면 구약성경 전체가 매달려 있을 곳이 없습니다. 공중에 붕 떠 있기에 존재할 수가 없습니다.

이렇게 주님께서는 하나님 사랑과 이웃 사랑의 두 계명이 구약성경 전체의 기둥이요 핵심이요 근본정신임을 밝히 말씀하십니다. 그것은 하나님의 성품을 가장 실제적으로 보여 주는 것이 사랑이기 때문입니다. 성경은 하나님의 성품을 한 마디로 압축하여 설명할 때 '사랑'이라고 말씀하십니다.

"하나님은 사랑이시라"(God is love).

> [요일 4:8] 사랑하지 아니하는 자는 하나님을 알지 못하나니 이는 하나님은 사랑이심이라.

> [요일 4:16] 하나님이 우리를 사랑하시는 사랑을 우리가 알고 믿었노니 하나님은 사랑이시라 사랑 안에 거하는 자는 하나님 안에 거하고 하나님도 그의 안에 거하시느니라.

따라서 사랑하지 않는 사람은 하나님을 알지 못하는 사람입니다. 오직 사랑하는 자만이 하나님을 아는 사람이고, 하나님 안에 거하는 사람입니다. 하나님께서도 오직 그 사람 안에만 거하십니다. 이처럼 사랑은 우리 신앙의 핵심이고 삶의 중심이기에 사랑이 결여(缺如)된 율법 준수는 단지 껍데기에 불과하고 위선일 따름입니다.

이렇게 구약성경의 핵심이 사랑인 것처럼 신약성경의 핵심 역시 '사랑'입니다. 주님께서는 요한복음 13장에서 신약성경의 핵심을 이렇게 말씀하셨습니다.

[요 13:34-35] 새 계명을 너희에게 주노니 서로 사랑하라 내가 너희를 사랑한 것같이 너희도 서로 사랑하라 너희가 서로 사랑하면 이로써 모든 사람이 너희가 내 제자인 줄 알리라.

구약의 '옛 계명'은 이웃을 나 자신과 같이 사랑하는 것입니다. 그런데 주님께서 우리에게 주신 '새 계명'은 나 자신과 같이 사랑하는 것을 넘어섭니다. 주님께서 나를 사랑하신 것 같이, 즉 주님께서 나를 사랑하신 아가페 사랑으로 우리가 서로 사랑하는 것입니다.

이와 같이 사랑은 가장 큰 계명입니다. 사랑은 우리 삶에 있어서 가장 소중한 것으로 우리의 생명입니다. 사랑은 마치 빵에 있어서 밀가루와 같습니다. 달걀이나 팥이나 크림이나 소금이나 설탕이 없어도 빵을 만들 수 있습니다. 그러나 그 모든 것을 다 갖추었다고 할지라도 밀가루가 없이는 결코 빵을 만들 수 없습니다.

마찬가지로 사랑 없이는 우리 신앙이 존재할 수 없고 우리 인생 역시 존재할 수 없습니다. 비록 우리가 신앙생활을 한다고 해도 사랑 없이 한다면 그것은 신앙생활하는 것이 아닙니다. 또 우리가 인생을 살아도 그것은 사는 것이 아닙니다.

그래서 영국 스코틀랜드의 위대한 설교자 헨리 드러몬드(Henry Drummond, 1851-1897)는 『사랑, 세상에서 가장 위대한』(The Greatest Thing in the World)이란 책에서 이렇게 말합니다.

사랑하지 않는 것보다 살지 않는 것이 더 낫다.
(It is better not to live than not to love.)

미국 무디신학대학교(Moody Bible Institute, MBI)의 학장이었던 조지 스위팅 박사는 이런 공식을 만들었습니다.

인생 - 사랑 = 0

이렇게 사랑은 우리 신앙생활과 인생에 있어서 너무나 중요합니다. 그러기에 우리는 사랑에 관한 성경의 진리를 알고, 또 날마다 그 진리를 삶 속에서 구체적으로 실천하며 살아야 합니다. 그때에야 비로소 우리는 하나님이 기뻐하시는 신앙생활을 할 수 있습니다. 그리고 하나님이 인정하시는 인생살이도 가능합니다. 이런 이유로 '사랑 장'으로 잘 알려진 고린도전서 13장을 상고(詳考)하면서 함께 은혜를 나누려고 합니다.

고린도전서는 사도 바울이 복음을 전하여 교회를 세운 후 1년 6개월 동안 사역했던(행 18:11) 고린도 교회 성도들에게 보낸 서신입니다. 고린도 교회 성도들의 신앙 상태는 육신에 속한 자, 즉 그리스도 안에서 어린아이들처럼 심히 미숙(未熟)한 신자들이었습니다.

> [고전 3:1-3] 형제들아 내가 **신령한 자들**[신앙이 성숙한 자들]을 대함과 같이 너희에게 말할 수 없어서 **육신에 속한 자 곧 그리스도 안에서 어린 아이들**을 대함과 같이 하노라 … 너희는 아직도 육신에 속한 자로다 너희 가운데 **시기와 분쟁**이 있으니 어찌 육신에 속하여 사람을 따라 행함이 아니리요.

고린도 교회 성도들은 신앙이 미숙한 자들이었기에 하나님의 말씀을 따라 신앙생활 하지 않았습니다. 성령께 순종하며 살지 않았습니다. 자기들의 이기적인 욕망을 따라 신앙생활 했습니다. 사람을 따라 행하고, 육신의 소욕(所欲)을 따라 살았습니다.

그들은 바울과 아볼로와 게바(베드로) 등의 교회 지도자들의 이름을 내세워 파당을 지었습니다. 그래서 고린도 교회 안에는 '바울파'와 '아볼로파'와 '게바파'(베드로파)와 심지어 '예수파'도 있었습니다. 그들은 서로 시기하고 분쟁하며 교회 생활을 했습니다. 부유한 교인들과 가난한 교인들 사이에 분파를 만들었습니다.

그들 가운데는 심각한 음행을 범하는 자도 있었고, 성도 간의 문제로 세상 법정에 소송을 제기하는 자들도 있었습니다. 또 결혼이나 이혼에 대해 그릇된 생각을 하는 자들도 있었습니다. 성도들 사이에 우상에게 드려졌던 제물을 먹어도 되는지에 대한 심한 논쟁도 일어났습니다. 그리고 성도의 부활을 부인하는 자들도 있었습니다.

그런데 아이러니하게도 이렇게 신앙이 미숙한 고린도 교회 성도들이 그 어느 교회 성도들보다 성령의 은사를 풍성히 받았다는 점입니다. 그들에게는 성령의 모든 은사가 부족함이 없을 정도였습니다.

> [고전 1:7] 너희가 [성령의] 모든 은사에 부족함이 없이 우리 주 예수 그리스도의 나타나심[재림하심]을 기다림이라.

이렇게 고린도 교회 성도들은 부족함이 없을 정도로 모든 은사를 풍성히 받았지만, 은사를 구하고 사용하는 데 있어서 많은 문제를 일으켰습니다. 왜냐하면, 그들이 은사를 구하고 사용하는 동기와 태도가 잘못되어 있었기 때문입니다. 그들은 다른 사람들에게 보이기 위해서 은사를 구했고, 또 받은 은사를 과시하며 자랑했습니다. 그래서 눈에 잘 뜨이는 은사인, 방언이나 방언 통역, 예언의 은사를 받은 사람들은 우월감에 사로잡혀서 그렇지 못한 사람들을 멸시했습니다. 심지어 그들은 성찬 예식을 함부로 행했고, 몸의 부활을 의심하는 자들도 있었습니다.

이렇게 어린아이들과 같은 육신에 속한 미숙한 신자로 가득한, 문제투성이의 교회를 향해 사도 바울이 눈물로 편지를 씁니다. 그 편지가 바로 고린도전서입니다.

'사랑 장'인 고린도전서 13장의 바로 앞인 12장과 바로 뒤인 14장에는 성령의 은사에 관한 내용이 기록되어 있습니다.

사도 바울은 고린도전서를 기록할 때 은사에 관한 이야기를 하다가 갑자기 중간에 사랑 장(章)을 기록합니다.

이유가 무엇입니까?

고린도 교회 성도들이 은사를 구하고, 또 은사를 사용할 때 사랑으로 하지 않았기 때문입니다. 12장에는 하나님께서 우리에게 주신 영적 은사의 목록이 열거되어 있습니다. 그리고 14장에는 영적 은사의 바른 사용법에 대해 말씀하고 있습니다.

영적 은사, 즉 성령의 은사는 교회의 유익을 위하여 연약하고 부족한 우리가 서로를 섬기라고 성령께서 거듭난 모든 그리스도인에게 주신 것입니다.

> [고전 12:7] 각 사람에게 **성령을 나타내심은** [성령의 은사를 주심은 교회를] **유익하게 하려 하심이라.**

따라서 우리가 거듭한 신자라면 우리는 반드시 적어도 하나 이상의 영적 은사를 받습니다. 우리는 성령께서 우리에게 주신 영적 은사를 교회의 유익과 서로의 유익을 위해 잘 사용하고 활용해야 합니다. 그런데 고린도 교회 성도들은 풍성한 은사를 받았지만, 바르게 사용하지 않았습니다. 사랑으로 사용하지 않았습니다.

은사를 구하고, 또 받은 은사를 가지고 사역을 감당하는 그들의 동기와 태도 그리고 모습은 사랑이 아니었습니다. 그들의 동기는 자기 자신을 위한 이기적인 것이었습니다. 그들의 태도는 자기를 드러내고 자랑하고 과시하며 내세우는 이기적인 모습이었습니다. 그들의 모습은 교회의 유익과 다른 성도들의 유익이 아니라 자기 유익을 구하는 이기적인 모습이었습니다.

사도 바울은 이런 안타까운 모습을 보면서 영적 은사를 구할 때 반드시 사랑으로 구해야 하고, 또 영적 은사를 사용할 때도 반드시 사랑으로 사용해야 한다고 강조합니다.

> [고전 12:31] 너희는 더욱 큰 은사를 사모하라 **내가 또한 제일 좋은 길**[사랑의 길]**을 너희에게 보이리라.**

여기서 "더욱 큰 은사"의 헬라어 '타 카리스마타 타 메이조나'는 '더욱 탁월한 은사들'(the greater gifts)이라는 뜻입니다. 따라서 '더욱 큰 은사들, 즉 더욱 탁월한 은사들'은 사랑의 은사'를 말하는 게 아닙니다. 만약 '사랑의 은사'를 말한다면, 복수형을 사용해서는 안 됩니다. 반드시 단수형을 사용해야 합니다. 그런데 헬라어 원문은 '더욱 탁월한 은사들'의 헬라어 '카리스마타'(gifts)로 복수형을 사용하고 있습니다.

그뿐만이 아닙니다. 성경은 '사랑'이 '성령의 은사'가 아니라 '성령의 열매'임을 명확하게 말씀합니다.

[갈 5:22-23] **오직 성령의 열매는 사랑**과 희락과 화평과 오래 참음과 자비와 양선과 충성과 온유와 절제니 이같은 것을 금지할 법이 없느니라.

'은사'는 '사역'과 관련된 '기능적'인 것이고, '열매'는 '성품'과 관련된 '인격적'인 것입니다.

그렇다면 여기서 말하는 '더욱 큰 은사들, 즉 더욱 탁월한 은사들'은 무엇을 가리킵니까?

성령께서 우리에게 은사를 주시는 목적을 알면 '더욱 큰 은사들'이 무엇인지를 잘 알 수 있습니다. 성령께서 성도들에게 영적 은사를 주시는 목적은 교회와 서로를 유익하게 하기 위한 것입니다. 따라서 "더욱 큰 은사들"은 은사 가운데 교회와 성도들을 유익하게 하는 정도가 다른 은사에 비해 더욱 크고, 더욱 영향력을 미치는 은사들을 가리킵니다. 고린도전서 12장에는 대표적인 성령의 은사 목록과 그와 관련된 직분이 기록되어 있습니다.

그런데 영적 은사나 직분이 기록된 순서를 보면 교회와 성도들을 유익하게 하는 정도가 더욱 크고, 더욱 영향력을 미치는 영적 은사와 직분이 앞부분에 놓여 있습니다. 그 은사들과 직분들을 유심히 살펴보면 하나님의 말씀 선포와 말씀의 가르침과 관련된 은사들과 직분들임을 알 수 있습니다.

반면에 교회와 성도들을 유익하게 하는 데 있어서 차원이 가장 낮은 은사들인 '방언의 은사'나 '방언 통역의 은사'는 순서에 있어서 제일 뒷부분에 놓여 있습니다.

[고전 12:8-10] 어떤 사람에게는 성령으로 말미암아 **지혜의 말씀**을, 어떤 사람에게는 같은 성령을 따라 **지식의 말씀**을, 다른 사람에게는 같은 성령으로 **믿음**을, 어떤 사람에게는 한 성령으로 **병 고치는 은사**를, 어떤 사람에게는 **능력 행함**을, 어떤 사람에게는 **예언함**을, 어떤 사람에게는 **영들 분별함**을, 다른 사람에게는 **각종 방언 말함**을, 어떤 사람에게는 **방언들 통역함**을 주시나니.

[고전 12:28] 하나님이 교회 중에 몇을 세우셨으니 **첫째는 사도요 둘째는 선지자요 셋째는 교사요** 그 다음은 능력을 행하는 자요 그 다음은 병 고치는 은사와 서로 돕는 것과 다스리는 것과 **각종 방언을 말하는 것이라**.

따라서 "더욱 큰 은사(들)을 사모하라"라는 말씀은 방언처럼 개인적 유익을 구하는 은사들보다 교회와 성도들을 더욱 유익하게 하는 하나님의 말씀 선포와 말씀 가르침과 관련된 은사들을 더욱 사모하고, 더욱 구하라는 말씀입니다. 이렇게 고린도전서 12장 31절에서 말씀하는 "더욱 큰 은사들", 즉 더욱 탁월한 은사들은 '사랑의 은사'를 말하는 것이 아닙니다.

고린도전서 12장 31절에서 말씀하는 "더욱 큰 은사"가 사랑의 은사가 아닌 이유는 고린도 교회의 현실을 보아도 잘 알 수 있습니다. 고린도 교회는 모든 은사에 부족함이 없는 교회였습니다.

[고전 1:7] 너희가 [성령의] **모든 은사에 부족함이 없이** 우리 주 예수 그리스도의 나타나심[재림하심]을 기다림이라.

그런데 만약 사랑이 성령의 은사라면 고린도 교회에는 그 어느 교회보다 사랑의 은사가 풍성했을 것입니다. 왜냐하면, 그 교회는 모든 은사에 부족함이 없는 교회였기 때문입니다. 그런데 실제로 고린도 교회의 모든 문제는 사랑이 없었기 때문에 발생했습니다. 그리고 고린도 교회 성도들은 사랑이 없었기에 영적으로 어린아이와 같은 미숙한 자들이었습니다. 이처럼 고린도 교회의 근본 문제는 바로 사랑이 없었다는 점이었습니다.

또한, 고린도전서 12장 31절에서 말씀하는 "더욱 큰 은사"가 사랑의 은사가 아닌 이유는 14장 1절을 보아도 알 수 있습니다. '사랑 장'인 고린도전서 13장이 끝난 후 14장에서 다시 '성령의 은사'의 바른 사용법에 대해 말씀하십니다. 성경은 은사를 올바르게 사용하기 위해서는 반드시 사랑을 따라 은사를 구하고 사랑을 따라 은사를 사용해야 한다고 강조하십니다.

> [고전 14:1, 개역한글] **사랑을 따라 구하라** [Follow the way of love, NIV] 신령한 것 [성령의 은사들]을 **사모하되** 특별히 예언을 하려고 하라.

성령의 은사가 무엇입니까?

성령의 은사는 우리가 부족하고 연약한 사람이기에 서로서로 돌보고 돕고 세워주도록 하나님께서 은혜로 베푸시는 선물(gift)입니다. 그런데 성령의 은사를 유익하게 사용하기 위한 가장 좋은 길은 '사랑의 길', 즉 '사랑으로 사용하는 길'(the way of love)입니다.

그러므로 우리가 은사를 구하고, 은사를 활용하여 열심히 사역을 감당하며, 은사를 사용하여 위대한 업적을 이루는 것도 중요하지만, 훨씬 더 중요하고 긴급한 일이 무엇입니까?

그것은 그 모든 것의 견고한 기초와 토대가 되는 사랑을 따라 은사를 구하고 사랑을 따라 은사를 사용하는 것입니다.

그런데 고린도 교회 성도들은 그렇게 하지 않았습니다. 그들은 간절히 영적 은사를 구하고, 또 은사를 사용하여 열심히 사역을 감당했지만, 사랑으로 하지 않았습니다. 그 결과 그들이 간절하게 영적 은사를 구하면 구할수록 그리고 자기의 은사를 사용하여 열심히 사역을 감당하면 할수록 오히려 교회는 더 시끄러워졌습니다. 교회 안에는 더 많은 문제와 다툼과 분쟁이 일어났습니다. 성도들은 서로 깊은 상처를 주고받으면서 반목했습니다. 그래서 교회가 난장판이 되고 말았습니다.

따라서 오늘 우리에게 정말 필요하고 중요한 것은 영적 은사가 아닙니다. 재능도 아니고 달란트도 아닙니다. 능력도 아니고 프로그램도 아닙니다. 열심도 아니고 위대한 업적도 아닙니다. 바로 사랑입니다. 사랑이 없을 때 영적 은사도, 재능도, 달란트도, 능력도, 프로그램도, 열심도, 위대한 업적도 아무것도 아닙니다.

"모든 것이 아무것도 아닙니다!"(Everything is nothing!)

오히려 교회를 무너뜨립니다. 서로에게 회복할 수 없는 깊은 상처를 줍니다. 다른 사람들의 영혼을 망가뜨리고 심지어 죽이기까지 합니다. 그 사실을 그레이스 케터만(Grace Ketterman)은 『말 때문에 받은 상처를 치유하라』(Verbal Abuse: Healing the Hidden Wound)에서 다음과 같이 소개합니다.

미국에 필이라는 그리스도인이 있었습니다. 그가 다니는 교회는 아주 엄격한 근본주의 교회로 중대한 과실이나 죄를 범했을 때는 모든 교인 앞에서 공개적으로 죄를 고백하도록 했습니다. 그 교회에 출석한 지 오래인 필은 교회에서 가르치는 신조(信條)를 그대로 믿고 있었지만, 범해서는 안 될 죄를 범하고 말았습니다. 자신도 모르는 사이에 유혹에 넘어가서 직장의 여직원과 불륜을 저질렀고, 오랫동안 그런 관계를 유지하다가 결국 들통이 나고 말았습니다.

그는 필사적으로 아내에게 용서를 구했지만, 아무런 소용이 없었습니다. 그는 아내를 따라 교회의 징계위원회에 참석했습니다. 자신의 죄에 대한 하나님의 진노를 두려워한 그는 하나님의 뜻이라면 징계위원회가 어떤 결정을 내리든지 순종하겠다고 맹세했습니다. 그러자 징계위원회의 의장이 다음과 같은 결정을 내렸습니다.

"당신은 마땅히 정죄 받아야 할 죄인입니다. 이번 주일 예배 때 전 교인 앞에서 당신의 은밀한 죄를 고백하십시오."

필은 주일이 될 때까지 엄청난 두려움과 수치심에 사로잡혀 고통스러워했습니다. 그러나 교인들 앞에서 죄를 고백하고 용서받고 나면 자신을 그토록 괴롭히는 무거운 죄책감을 떨쳐버리고 심령의 평안을 회복할 수 있으리라는 기대감이 마음 한구석에 있었기에 빨리 주일이 되기를 기다렸습니다. 얼음장처럼 차갑기만 한 아내도 그날 공식적으로 죄를 고백하고 나면 자신을 용서해 줄 것이라고 생각했습니다.

마침내 그날이 왔습니다. 필은 전 교인 앞에서 진정으로 회개하면서 자신의 죄를 고백했습니다. 그러나 교인들의 표정은 한결같이 굳어 있었습니다. 두 눈에는 경멸감이 가득한 채 모두 입을 꼭 다물고 있었습니다. 예배가 끝났는데도 필에게 다가와 악수하면서 따뜻한 말 한마디 건네는 사람이 아무도 없었습니다. 필이 기대했던 용서와 심령의 평안은 헛된 꿈이었을 뿐이었습니다. 심지어 아내조차도 그에게 공개적으로 회개를 촉구했음에도 그의 존재 자체를 거들떠보지도 않았습니다.

그날 집으로 돌아온 필은 뜬눈으로 밤을 지새우며 괴로워했습니다. 일순간의 불륜을 용서받지 못한 그에게는 희망과 기쁨, 사랑이라고는 이제 꿈속에서나 누릴 수 있는 것이 되고 말았습니다.

다음 날 새벽, 필은 서랍에서 권총을 꺼내 들고 다시금 교회로 향했습니다. 그리고 그 전날 아침에 교인들 앞에 서서 자신의 죄를 고백했던 그 자리에 섰습니다. 필은 그 자리에서 사시나무 떨듯 온몸을 부르르 떨고 있었습니다. 그의 입술은 바짝 말라붙어 있었습니다. 양 손바닥은 땀에 흠뻑 젖어 있었습니다. 그는 솟구치는 눈물을 애써 참고 있었지만, 두 볼을 타고 흘러내리는 눈물을 어찌할 수 없었습니다. 마침내 필은 자기 머리에 권총을 들이대고서 방아쇠를 당겼습니다. 아침에 목사가 그를 발견했을 때 그는 이미 숨져 있었습니다.

성경은 우리에게 죄를 회개하는 자를 용서하라고 가르칩니다. 그러나 필의 교회 교인들은 성경의 가르침을 믿고 따른다고 말하면서도 용서가 아닌 정죄하는 일에 앞장섰습니다. 그들은 비록 입술로는 아무런 말도 안 했지만, 필에게 비난과 조소와 경멸의 돌팔매질을 했기에 그를 죽음으로 내몰았습니다.

우리가 아무리 외적으로 경건한 삶을 살고, 놀라운 은사를 가지고 열심히 사역을 감당하며 위대한 업적을 성취한다고 해도 우리에게 추하고 연약하며 쓰러진 자들을 사랑하며 불쌍히 여기는 마음이 없다면 그 모든 것이 무슨 의미가 있겠습니까?

그러므로 신앙생활에 있어서 가장 중요한 것은 다른 어떤 것도 아닙니다. 바로 사랑입니다. 우리 신앙생활 전체가 사랑에 근거해야 합니다. 사랑에 근거하지 않은 신앙생활은 아무것도 아닙니다. 가장 영광스러운 은사라도 아무것도 아닙니다. 어떠한 열심이나 어떠한 헌신도 아무런 쓸모가 없습니다. 그 모든 것은 하나님 앞에서 아무런 유익이 없는 전혀 무가치한 것입니다.

그래서 성경은 말씀하십니다.

> [고전 13:1-3] 내가 사람의 방언과 천사의 말을 할지라도 사랑이 없으면 소리 나는 구리와 울리는 꽹과리가 되고 내가 예언하는 능력이 있어 모든 비밀과 모든 지식을 알고 또 산을 옮길 만한 모든 믿음이 있을지라도 사랑이 없으면 내가 아무것도 아니요 내가 내게 있는 모든 것으로 구제하고 또 내 몸을 불사르게 내줄지라도 사랑이 없으면 내게 아무 유익이 없느니라.

이처럼 우리 신앙생활과 사역 그리고 우리 인생의 성공과 실패, 승리와 패배는 전적으로 사랑에 달려 있습니다.

사랑하는 성도 여러분!
오늘 우리는 어떻습니까?
우리는 진정으로 사랑에 관한 성경적 진리를 알고 있습니까?
그 진리를 날마다 삶 속에서 구체적으로 실천해 나가고 있습니까?

이 시간 우리 자신을 한번 돌아봅시다.
여러분은 성령으로 거듭난 하나님의 자녀입니까?
그렇다면 성령으로 말미암아 여러분의 마음에는 하나님의 사랑이 이미 부어졌습니다.

로마서 5장 5절의 말씀을 기억하십니까?

> [롬 5:5] 소망이 우리를 부끄럽게 하지 아니함은 우리에게 주신 성령으로 말미암아 하나님의 사랑이 우리 마음에 부은 바 됨이니.

그러기에 우리는 성령으로 말미암아 우리 마음에 부어진 하나님의 사랑으로 사랑할 수 있습니다.

그렇다면 지금 여러분은 어떻습니까?
가정에서 여러분의 가족들을 사랑하며 구체적으로 희생하며 사랑을 실천하고 있습니까?
교회에서는 어떻습니까?
믿음의 형제자매를 사랑하며 그들에게 구체적으로 사랑을 실천하고 있습니까?
직장과 일터에서는 어떻습니까?

우리는 더 이상 '나는 저 사람을 사랑할 수 없어!'라고 핑계 대지 말아야 합니다. 우리 안에 계신 성령으로 말미암아 우리 안에 부어진 하나님의 사랑을 힘입어 사랑을 실천하며 살아야 합니다.

그러기에 이제부터 가정에서부터 날마다 구체적으로 사랑을 실천해 나갑시다. 그러기 위해서 기꺼이 희생하기로 결단합시다. 왜냐하면, 희생 없이는 사랑할 수 없기 때문입니다. 하나님께서도 우리를 사랑하셨기에 가장 귀한 독생자 예수 그리스도를 기꺼이 희생하셨습니다. 예수 그리스도께서도 우리를 사랑하셨기에 가장 귀한 당신의 생명을 희생하셨습니다. 우리도 사랑하려면 기꺼이 희생을 치러야 합니다. 먼저 가정에서부터, 나아가 교회와 일터와 사회에서도 구체적으로 희생하며 사랑을 실천해 나갑시다.

  그때 우리 가정은 나로 인해 달라질 것입니다. 우리 교회도 나로 인해 달라질 것입니다. 우리 직장과 일터도 나로 인해 달라질 것입니다. 그래서 미움과 다툼과 불평과 원망과 비판이 사라지게 될 것입니다. 서로 포용하고 용서하고 용납하고 서로를 붙잡아주게 될 것입니다. 그리하여 우리가 속한 공동체는 우리로 인해 사랑의 공동체로 변화될 것입니다. 그리고 하나님께서는 사랑의 삶을 사는 우리를 통하여 큰 영광을 받으실 것입니다.

―― 제2장 ――
하나님의 사랑, 아가페 사랑!

[고전 13:1-3] 내가 사람의 방언과 천사의 말을 할지라도 사랑이 없으면 소리 나는 구리와 울리는 꽹과리가 되고 내가 예언하는 능력이 있어 모든 비밀과 모든 지식을 알고 또 산을 옮길 만한 모든 믿음이 있을지라도 사랑이 없으면 내가 아무 것도 아니요 내가 내게 있는 모든 것으로 구제하고 또 내 몸을 불사르게 내줄지라도 사랑이 없으면 내게 아무 유익이 없느니라.

지난주 우리는 사랑이 우리 신앙생활과 인생에 있어서 가장 중요한 핵심임을 말씀을 통해서 살펴보았습니다. 사랑은 하나님과 예수 그리스도의 가장 큰 계명입니다. 그러므로 우리 신앙생활과 인생은 반드시 사랑에 기반을 두어야 합니다. 우리의 모든 동기와 태도와 모습이 바로 사랑이어야 합니다.

그런데 오늘 우리 시대의 모습은 어떠합니까?

주님께서 경고하신 것처럼 주님의 재림이 임박한 말세의 주요한 특징이 세상은 물론이고 교회 안에서도 분명히 나타나고 있습니다. 주님께서는 마태복음 24장에서 말세의 중요한 특징을 이렇게 말씀하셨습니다.

[마 24:12] 불법이 성하므로 많은 사람의 사랑이 식어지리라.

그러므로 말세를 사는 우리에게 있어서 가장 필요한 것은 하나님을 전심으로 사랑하고, 이웃을 자신과 같이 사랑하는 것입니다. 그리고 믿음의 형제들을 주님께서 나를 사랑하시는 것처럼 사랑하는 것입니다. 그러기에 우리 신앙생활의 근본적인 태도는 사랑에 근거해야 합니다.

만약 우리의 예배, 찬양, 기도, 헌금, 헌신, 봉사, 전도, 선교, 구제 등이 사랑에 근거하지 않는다면 아무것도 아닙니다. 전혀 무익한 것이고, 무가치한 것입니다. 사도 바울은 '사랑 장'인 고린도전서 13장을 시작하면서 이 사실을 강조합니다.

[고전 13:1-3] 내가 사람의 방언과 천사의 말을 할지라도 **사랑이 없으면 소리 나는 구리와 울리는 꽹과리가 되고** 내가 예언하는 능력이 있어 모든 비밀과 모든 지식을 알고 또 산을 옮길 만한 모든 믿음이 있을지라도 **사랑이 없으면 내가 아무 것도 아니요** 내가 내게 있는 모든 것으로 구제하고 또 내 몸을 불사르게 내줄지라도 **사랑이 없으면 내게 아무 유익이 없느니라.**

따라서 우리 신앙생활과 인생의 성공과 실패는 바로 사랑에 매달려 있습니다. 그런데 고린도 교회 성도들은 이렇게 중요한 사랑을 무시했습니다. 오히려 성령의 은사, 특히 다른 사람들의 눈에 잘 뜨이는 은사인 방언이나 방언 통역의 은사 등과 같은 은사를 더 사모하고 추구하며 자랑하고 있었습니다. 그런 그들을 향해 사도 바울은 우리가 온 마음과 열정과 헌신으로 사모하며 추구해야 할 것은 은사가 아니라, 바로 사랑이라고 강조합니다.

그렇다면 본문에서 성경이 말씀하는 사랑은 구체적으로 어떤 사랑입니까?

그것을 알기 위해서는 사도 바울 당시 사람들이 '사랑'을 표현했던 단어들에 대해 먼저 알아야 합니다. 우리말로 '사랑'이라는 단어는 하나밖에 없지만 고대 헬라어에서는 적어도 네 가지 서로 다른 단어로 사랑을 표현했습니다.

1. 에로스(Eros)

'에로스'의 사랑은 육체적이고 감각적인 사랑을 가리킵니다. '에로스'라는 단어는 신약성경에는 쓰이지 않았습니다. 구약 히브리어 성경을 헬라어로 번역한 70인역(LXX)에는 이 단어가 두 번 쓰였습니다. 대표적인 곳이 잠언 7장 18절입니다.

[잠 7:18] 오라 우리가 아침까지 흡족하게 서로 **사랑하며 사랑함으로** 희락(喜樂)하자 (enjoy, NIV).

여기서 말하는 '사랑'이 바로 '에로스'입니다. 그런데 여기서 말하는 사랑은 창녀가 젊은 청년을 유혹하면서 사용한 말입니다. 따라서 에로스는 진정한 사랑이기보다는 성적이며 육체적인 사랑, 감각적이며 순간적인 사랑, 자기만족을 구하는 이기적이며 자기중심적인 사랑을 가리킵니다.

오늘날, 세상에서 말하는 대부분의 사랑이 바로 에로스적인 사랑입니다. 에로스의 사랑은 결코 오래가지 못합니다. 모든 사랑 가운데서 그 생명이 가장 짧은 것이 바로 에로스의 사랑입니다. 사랑의 감정이 사라질 때, 더 이상 자신의 욕구와 욕망이 채워지지 않을 때, 강하고 아름다웠던 것이 약해지고 추해질 때, 즉시 돌변하는 것이 바로 에로스의 사랑입니다.

다윗의 장남 암논이 이복 여동생 다말(압살롬의 누이)을 사랑했던 사랑이 바로 에로스의 사랑이었습니다. 암논이 다말을 얼마나 사랑했던지 상사병(相思病)에 걸릴 정도였습니다.

> [삼하 13:1-2] … 다윗의 아들 압살롬에게 아름다운 누이가 있으니 이름은 다말이라 다윗의 다른 아들 암논이 그를 사랑하나 그는 처녀이므로 어찌할 수 없는 줄을 알고 암논이 그의 누이 다말 때문에 울화로 말미암아 병이 되니라.

결국, 암논은 사악한 친구 요나답의 간교한 조언을 듣고 계교를 사용하여 다말을 겁탈합니다. 그런데 그는 다말을 겁탈하자마자 사랑했던 마음이 갑자기 극도로 미워하는 마음으로 돌변했습니다.

> [삼하 13:14-15] 암논이 그 말을 듣지 아니하고 다말보다 힘이 세므로 **억지로 그와 동침하니라** 그리고 암논이 그를 심히 미워하니 이제 미워하는 미움이 전에 사랑하던 사랑보다 더한지라 ….

상사병(相思病)에 걸릴 정도로 다말을 사랑했던 암논이 다말을 강제로 겁탈하고, 또 겁탈한 후에 그렇게 미워하는 이유가 무엇입니까?

그의 사랑이 에로스의 사랑이었기 때문입니다. 얼마 전에 수능 만점을 받고 Y대 의대에 들어간 의대생이 중학교 때부터 사귀어 왔던 여자 친구가 그만 만나자고 절교를 선언하자 목을 열한 번이나 찔러 죽여서 우리 사회를 놀라게 만들었습니다.

왜 그는 그렇게 고의적으로 여자 친구를 잔인하게 찔러 죽였습니까?

그의 사랑이 에로스의 사랑이었기 때문입니다.

이렇게 돌변하는 사랑이 바로 에로스의 사랑입니다. 그러기에 에로스의 사랑에는 냉철한 분별력과 강한 자제력과 절제력이 필요합니다. 암논이나 그 의대생처럼 냉철한 분별력이 없을 때 인간은 에로스의 사랑에 눈이 멀게 되어 파멸의 길로 가게 됩니다. 강한 자제력과 절제력이 없을 때 불같이 일어나는 감정과 욕망에 휩싸여 자신을 불태우고, 상대방을 불태우고, 가족들을 비롯한 많은 사람을 불태워서 결국 그가 속한 공동체를 무너뜨리고 맙니다.

2. 필레오(Phileo)

'필레오'의 사랑은 친구 사이의 사랑으로 '우정', '우애'(友愛)를 가리킵니다. 신약성경에 스물다섯 번 나오는데, 주님께서도 자주 이 단어를 사용하셨습니다. 좋은 친구는 우리에게 많은 유익을 가져다주지만, 나쁜 친구는 많은 해악을 끼칩니다. 올바른 우정 관계는 우리의 믿음을 자라게 하고, 인격을 성숙시키며, 거룩함과 경건함과 선을 장려합니다. 반면에 잘못된 우정 관계는 우리의 믿음을 무너뜨리고, 인격을 파괴하며, 죄악과 불의를 조장합니다(예: 암논의 친구 요나답).

[잠 27:17] 철이 철을 날카롭게 하는 것같이 사람이 그 친구의 얼굴을 빛나게 하느니라.

[잠 18:24] 많은 친구를 얻는 자는 해를 당하게 되거니와 어떤 친구는 형제보다 친밀하니라.

필레오의 사랑이 잘 절제되고 다스려질 때 우리에게 많은 유익을 가져다줍니다. 그러나 그렇지 못할 때 필레오의 사랑은 끼리끼리만 어울리는 패거리를 만들고 파당을 짓게 만듭니다. 그래서 공동체를 하나 되게 하지 못하고 분열시키며 분쟁을 일으킵니다. 그리고 심한 텃세를 부려서 공동체에 견고한 벽을 세우고 새로 들어오는 사람들을 막게 되어 공동체의 진정한 발전과 성장과 부흥에 막대한 폐해를 가져다줍니다.

오늘날 잘못된 필레오 사랑의 대표적인 모습이 바로 극단적인 팬덤(fandom)이나 개딸(극렬 지지자)과 같은 모습입니다. 얼마 전에 음주 운전으로 사고를 낸 유명한 트로트 가수 K 씨의 처신 때문에 많은 사람이 분노했는데, 그의 팬덤은 그를 무조건 옹호하여 사람들의 공분(公憤)을 샀습니다. 이런 모습은 타락한 필레오 사랑의 전형적인 모습을 보여 줍니다.

3. 스토르게(Storge)

'스토르게'의 사랑은 부모가 자녀를 사랑하는 혈연적인 사랑입니다. '부성애'(父性愛)와 '모성애'(母性愛)를 가리킵니다. 스토르게의 사랑은 그 안에 자기를 희생하는 숭고한 사랑이 깃들어 있습니다. 자기 이익을 추구하기보다 자녀의 유익을 더 추구하는 것이 스토르게 사랑의 일반적인 모습입니다.

그러나 스토르게의 사랑 역시 이기적인 모습을 벗어날 수 없습니다. 왜냐하면, 내 피가 섞였기에, 내 자식이기에 사랑하는 제한적인 사랑이기 때문입니다. 그래서 자기희생적인 스트로게의 사랑도 내 피가 섞이지 않으면, 내 자식이 아니면 그렇게 희생적으로 사랑하지 않습니다.

결국, 우리가 자식을 사랑하는 것은 내 피가 섞였기에, 내가 낳고 키운 자식이기에 사랑하는 것입니다. 나를 사랑하기에 내 자식을 사랑하는 것입니다. 그리고 우리가 자식을 사랑하는 경우에도 우리 방식대로 사랑합니다. 자식의 생각과 감정과 소원과 입장과 상관없이 우리 생각과 감정과 소원과 입장에 따라 우리 방식대로 자식을 사랑하는 것입니다.

그리하여 많은 경우 자식을 사랑하는 우리의 모습이 자식들에게 참된 유익을 주지 못합니다. 오히려 그들에게 큰 상처와 고통과 불행을 가져다주는 비극을 초래하는 경우가 왕왕 있습니다.

제가 아주 잘 아는 목사님 아들이 연세대 원주분교 의대에 입학했습니다. 아들은 의사가 되기를 원치 않았고, 선교단체에서 사역하길 원했습니다. 그런데 아버지는 아들이 의사가 되길 간절히 원했기에 아들을 의대에 보내기 위해 입시 전문가보다 입시 정보를 더 잘 알 정도로 공을 들여서 입시 정보에 바싹했습니다.

결국, 그 아들은 아버지의 적극적인 도움으로 연대 원주분교 의대에 입학할 수 있었습니다. 그런데 아들은 의사가 되고 싶은 마음이 없었기에 입학한 후에도 학업에 전념할 수 없었습니다. 그는 두 과목에서 F 학점을 받아 유급이 되었습니다. 그리고 그런 과정에서 엄청난 스트레스를 받아 결국은 정신 이상을 초래하게 되었습니다.

그래서 많은 성도가 일주일 동안 저녁마다 그 아들과 함께 기도회를 갖고 그의 치유를 위해 간절히 기도했습니다. 그렇지만 병세의 차도가 없었기에 결국 그 아들은 의대를 자퇴하고 말았습니다.

이렇게 스트로게의 사랑은 절제되지 못하고 다스려지지 못합니다. 부모가 이루지 못한 꿈이나 부모의 소원을 자식에게 강요합니다. 그러면 자식들에게 부정적인 결과가 나타나게 됩니다. 때로는 치명적인 폐해를 야기(惹起)시키기에 자식뿐만 아니라 주위 사람들과 공동체에 큰 해악을 끼치게 됩니다.

4. 아가페(Agape)

'아가페'의 사랑은 영적인 사랑이며 신(神)적인 사랑입니다. 하나님의 사랑이며 하나님으로부터 시작된 사랑입니다. 아가페의 사랑은 자기를 온전히 희생하는 '자기희생적 사랑'이고 자기의 유익보다 다른 사람들의 유익을 구하는 '이타적인 사랑'입니다.

구약에서는 아가페 사랑을 '헤세드' 사랑이라고 말씀합니다. 아가페 사랑과 헤세드 사랑에는 두 가지 중요한 특징이 있습니다.

첫째, 아무런 조건이 없는 '무조건적인 사랑'입니다(신 7:6-8).

둘째, 영원히 변함이 없는 '무궁한 사랑, 영원한 사랑'입니다(렘 31:3).

아가페 사랑, 헤세드 사랑은 아무런 자격도 없고 가치도 없는 죄인들을 불쌍히 여기시는 하나님의 크신 긍휼에 기초를 두고 있습니다. 아가페의 사랑이 가장 분명하게 나타나고 드러난 곳이 바로 예수 그리스도의 십자가입니다. 하나님께서 죄인인 우리를 구원하시기 위해 가장 귀한 독생자 예수 그리스도를 십자가에 못 박아 죽이신 십자가에서 우리는 아가페 사랑의 원형을 볼 수 있고, 아가페 사랑의 진수(眞髓)를 맛볼 수 있습니다.

아가페 사랑은 아무런 조건이 없는, 무조건적인 희생과 섬김의 구체적인 행동입니다. 아가페 사랑은 더럽고 추악하고 연약한 자들에게 충만히 임했습니다. 사랑받을 조건이나 자격도 전혀 없는 자들에게 부어진 사랑이 바로 아가페 사랑이었습니다.

아가페 사랑은 이성적인 사랑이나 감정적인 사랑이 아닙니다. 오히려 인간의 이성과 감정을 완전히 거스르는 의지적인 사랑입니다. 사랑할 수 없고, 사랑하고 싶지 않지만 의지적인 결단과 행동으로 이루어지는 사랑입니다.

이 사랑은 오직 하나님의 아가페 사랑을 체험한 하나님의 자녀들, 성령을 그 마음에 모시고 사는 그리스도인들만이 실천할 수 있는 사랑입니다. 왜냐하면, 성령의 인도하심을 따라 사는 그리스도인들의 마음에는 아가페 사랑이 충만하고 그들의 삶 속에는 아가페 사랑이 끊임없이 샘솟고 있기 때문입니다.

[롬 5:5] … 우리에게 주신 **성령으로** 말미암아 하나님의 사랑이 우리 마음에 부은 바 됨이니.

우리 신앙생활의 근본적인 자세와 태도는 바로 이 아가페 사랑에 근거해야 합니다. 우리의 삶과 인간관계에 있어서 견고한 기초와 토대도 바로 아가페 사랑이어야 합니다. 우리가 인생을 사는 데는 에로스의 사랑이 필요하고, 필레오의 사랑도 필요하며, 스토르게의 사랑도 필요합니다. 그렇지만 이 모든 사랑은 아가페의 사랑에 깊이 뿌리를 두고 있어야 온전해질 수 있고 진정으로 아름다울 수 있으며 거룩해질 수 있습니다.

에로스의 사랑이 아가페의 사랑에 견고한 기초를 둘 때 남녀 간의 진정한 사랑이 될 수 있습니다. 필레오의 사랑이 아가페의 사랑에 깊이 뿌리를 두고 있을 때 다윗과 요나단의 우정처럼 참으로 아름다울 수 있습니다. 스토르게의 사랑이 아가페의 사랑에 지배받을 때 그 사랑은 하나님 아버지께서 독생자 예수 그리스도를 사랑하시는 것과 같은 고귀한 사랑이 될 수 있습니다.

따라서 무엇보다 우리에게 필요한 것은 아가페의 사랑입니다. 우리 신앙생활과 사역과 삶의 모든 영역이 바로 하나님의 아가페 사랑의 지배를 받아야 합니다.

그렇다면 어떻게 그런 삶이 가능할 수 있을까요?

첫째, 우리 힘으로는 불가능함을 인정하십시오.

아가페의 사랑은 우리의 각오나 결심이나 노력으로 실천할 수 있는 사랑이 결단코 아닙니다. 우리는 예수 그리스도를 믿음으로 말미암아 구원받아 하나님의 자녀가 되었고, 의인의 신분을 소유하게 되었습니다. 그렇지만 우리 안에는 여전히 타락하고 부패한, 죄악 된 옛사람의 본성이 남아 있습니다. 옛 사람의 본성의 핵심은 자기중심성과 자기 사랑입니다. 그렇기 때문에 우리 스스로는 하나님의 사랑인 아가페 사랑을 실천할 수가 없습니다. 도저히 불가능합니다.

따라서 아가페 사랑을 실천하기 위한 첫걸음은 우리의 무능함을 처절하게 인식하는 것입니다. 무엇보다 우리 자신의 죄인 됨과 자기중심성, 이기심 그리고 우리의 교만함을 겸손히 인정해야 합니다. 그것이 우리가 하나님의 아가페 사랑의 지배를 받을 수 있는 출발점입니다.

둘째, 주님의 십자가를 깊이 묵상하십시오.

아가페의 사랑은 주님의 십자가에서 온전히 드러났습니다. 우리가 주님의 십자가를 깊이 묵상할 때 성령의 역사(役事)로 인해 하나님의 놀라운 사랑을 깊이 체험할 수 있습니다. 하나님께서는 죄인인 나를 구원하시기 위해 가장 귀한 독생자 예수 그리스도를 십자가에 못 박아 죽이셨습니다. 우리가 죄인 되었을 때 그리스도께서는 우리를 위하여 죽으셨습니다. 그리하여 하나님께서 우리를 얼마나 사랑하시는지 확증하셨습니다.

> [롬 5:8] 우리가 아직 죄인 되었을 때에 그리스도께서 우리를 위하여 죽으심으로 하나님께서 우리에게 대한 자기의 사랑을 확증하셨느니라.

이런 놀라운 하나님의 사랑을 체험한 사람은 아가페의 사랑을 실천할 수 있습니다.

[요일 4:19] 우리가 사랑함은 그가 먼저 우리를 사랑하셨음이라.

[요일 4:9-11] 하나님의 사랑이 우리에게 이렇게 나타난 바 되었으니 하나님이 자기의 독생자를 세상에 보내심은 그로 말미암아 우리를 살리려 하심이라 사랑은 여기 있으니 우리가 하나님을 사랑한 것이 아니요 하나님이 우리를 사랑하사 우리 죄를 속하기 위하여 화목제물로 그 아들을 보내셨음이라 사랑하는 자들아 하나님이 이같이 우리를 사랑하셨은즉 우리도 서로 사랑하는 것이 마땅하도다.

따라서 우리는 아가페의 사랑을 실천하기 어려울 때마다 주님의 십자가를 깊이 묵상해야 합니다. 십자가에서 나타난 하나님의 놀라운 사랑을 깊이 생각해야 합니다. 하나님께서 죄인인 나를 어떻게 사랑하셨으며 내 죄를 용서해 주시기 위해 어떻게 하셨는지를 깊이 묵상해야 합니다.

셋째, 성령의 도우심을 구하며 성령께 순종하십시오.

우리 속에서 아가페의 사랑이 역사(役事)하여 우리가 아가페 사랑을 실천하도록 도우시는 분은 바로 성령 하나님이십니다. 예수 그리스도를 구주와 주님으로 믿고 영접하여 구원받은 사람들은 마음에 성령을 모시고 있습니다. 하나님의 아가페 사랑은 성령으로 말미암아 우리 마음에 부어졌습니다. 그러므로 우리에게는 하나님의 아가페 사랑으로 사랑할 수 있는 잠재된 능력이 있습니다.

[롬 5:5] … 우리에게 주신 성령으로 말미암아 하나님의 사랑이 우리 마음에 부은 바 됨이니.

따라서 우리가 성령의 도우심을 구할 때 그리고 성령을 따라 행하며 그분께 순종할 때 우리는 자기중심성과 이기심과 육체의 욕심을 과감하게 버릴 수 있습니다. 우리의 감정을 잘 다스릴 수 있고 절제할 수 있습니다.

> [갈 5:16] … 너희는 성령을 따라 행하라 그리하면 육체의 욕심을 이루지 아니하리라.

그런데 현실은 어떻습니까?

구원받아 마음에 성령을 모시고 사는 사람들 가운데도 많은 사람이 하나님의 사랑, 아가페의 사랑을 실천하지 못하고 있습니다. 그것은 자신의 감정을 다스리지 못하고 오히려 감정의 지배를 받고 있기 때문입니다. 인간의 감정은 시시각각으로 바뀌기에 만약 우리가 감정의 지배를 받고 산다면 결코 하나님의 사랑을 실천할 수 없습니다.

우리가 하나님의 사랑으로 사랑할 때도 우리가 인간이기에 감정이 없어지는 것이 결단코 아닙니다. 화가 날 때는 분노의 감정이 있고, 미울 때는 미움의 감정이 있습니다. 좋을 때는 좋은 감정이 있고, 싫을 때는 싫은 감정이 있습니다.

인간은 지성, 감정, 의지를 가진 전인격적 존재이기에 감정을 느끼는 것 그 자체는 잘못된 것이 아닙니다. 지극히 정상적이며 건강한 모습입니다. 문제는 감정을 느끼는 것이 아닌 감정의 지배를 받는 것에 있습니다.

따라서 우리는 감정을 있는 그대로 느끼더라도 감정에 의하여 지배받지는 말아야 합니다. 우리가 감정에 사로잡히게 되면 '해야 할 일'과 '해서는 안 되는 일'을 잘 분간하지 못합니다. 잘 분간하지 못할 뿐만 아니라 '해야 할 일'은 하고, '해서는 안 되는 일'을 안 할 수 있는 능력까지 잃게 됩니다.

우리가 하나님의 아가페 사랑을 실천하며 살기 위해서는 반드시 감정을 잘 다스릴 수 있어야 합니다. 그렇지만 우리 스스로의 힘으로 감정을 잘 다스리는 것은 불가능합니다. 우리는 너무나 쉽게 감정의 지배를 받는 존재이기 때문입니다.

그렇다면 여러분, 우리는 어떻게 날마다 아가페의 사랑을 삶 속에서 구체적으로 실천하며 살 수 있습니까?

무엇보다 우리의 힘으로는 감정을 다스리고 아가페 사랑의 지배를 받는 것이 불가능함을 인정하십시오. 주님의 십자가를 깊이 묵상하십시오. 그리고 성령의 도우심을 구하고 성령의 인도하심에 순종하십시오. 우리가 성령을 따라 행하고 성령의 인도하심에 순종하며 살 때, 성령의 도우심을 받을 때, 우리는 감정을 잘 다스릴 수 있습니다. 그래서 삶 속에서 하나님의 아가페 사랑을 실천하며 살 수 있습니다.

[갈 5:16] … 너희는 성령을 따라 행하라 그리하면 육체의 욕심을 이루지 아니하리라.

우리가 거듭난 하나님의 자녀라면 성령으로 말미암아 이미 하나님의 아가페 사랑이 우리 마음에 부어졌습니다. 그리고 우리가 하나님의 아가페 사랑을 계속 부어주시도록 간절히 기도할 때 우리 마음에 하나님의 아가페 사랑이 계속 부어집니다.

이미 우리 안에는 하나님의 아가페 사랑으로 사랑할 수 있는 잠재된 능력이 존재하고 있습니다. 그래서 우리가 하나님의 아가페 사랑을 계속 부어주시도록 간절히 기도할 때 그 능력이 사장(死藏)된 상태로 있는 것이 아니라, 성령의 도우심으로 계속 살아서 역사(役事)하게 됩니다.

사랑하는 성도 여러분!

그러므로 날마다 성령을 따라 행하십시오. 매 순간 성령의 인도하심에 순종하며 그분의 도우심을 구하십시오. 성령께서는 여러분이 하나님의 아가페 사랑을 실천할 수 있도록 이끄실 것입니다. 여러분의 삶과 인간관계는 사랑의 관계로 변화되게 될 것입니다. 그리고 삶 속에서 불만과 불평과 원망과 비판과 미움과 다툼은 사라지게 될 것입니다. 아가페의 사랑이 놀랍게 역사하셔서 서로를 포용하고 용서하고 용납하고 붙잡아주게 될 것입니다.

그리하여 우리가 속한 가정과 교회공동체는 하나님의 아가페 사랑이 역사(役事)하심으로 인해 '사랑의 공동체'로 변화되게 될 것입니다. 그리고 우리 가족들과 성도들은 아가페 사랑 안에서 서로 일치를 이루고 연합을 이루어 가는, 그래서 "성령의 하나 되게 하신 것을 힘써 지키는"(엡 4:3) 놀라운 축복을 누리게 될 것입니다.

제3장
사랑의 위대성과 탁월성(1)

> [고전 13:1-3] 내가 사람의 방언과 천사의 말을 할지라도 사랑이 없으면 소리 나는 구리와 울리는 꽹과리가 되고 내가 예언하는 능력이 있어 모든 비밀과 모든 지식을 알고 또 산을 옮길 만한 모든 믿음이 있을지라도 사랑이 없으면 내가 아무 것도 아니요 내가 내게 있는 모든 것으로 구제하고 또 내 몸을 불사르게 내줄지라도 사랑이 없으면 내게 아무 유익이 없느니라.

주일마다 상고(詳考)하고 있는 고린도전서 13장, '사랑 장'은 시편 23편만큼 모든 시대, 모든 사람에게 감동을 주며 애송(愛誦)되는 참 귀한 말씀입니다. 고린도전서 13장을 근거로 하여 만들어진 〈사랑은 언제나 오래 참고〉라는 복음 성가가 있습니다. 이 복음 성가는 불신자들까지 잘 알고 부르기도할 뿐만 아니라 예전에는 결혼식 축가로도 많이 사용되었습니다.

'사랑 장'인 고린도전서 13장은 하늘의 수많은 별 중에서 가장 찬란히 빛나는 별과 같고, 보석 중에서도 제일 귀하고 아름다운 보석과 같습니다. 사랑은 기독교 신앙의 핵심이고 중심이며 근본정신이기 때문입니다.

따라서 다른 어떤 것도 사랑보다 우선일 수 없고, 사랑보다 중요할 수 없습니다. 하나님은 사랑이시기 때문입니다(요일 4:8). 하나님은 사랑 때문에 죄인인 우리를 위해 독생자 예수 그리스도를 이 세상에 보내셨습니다. 그리고 그 독생자를 우리 죄를 속하기 위하여 화목제물로 우리 대신 십자가에서 심판하셨습니다.

> [요일 4:16] 하나님이 우리를 사랑하시는 사랑을 우리가 알고 믿었노니 **하나님은 사랑이시라** ….

> [요일 4:9-10] **하나님의 사랑이 우리에게 이렇게 나타난 바 되었으니 하나님이 자기의 독생자를 세상에 보내심은 그로 말미암아 우리를 살리려 하심이라 사랑은 여기 있으니 우리가 하나님을 사랑한 것이 아니요 하나님이 우리를 사랑하사 우리 죄를 속하기 위하여 화목제물로 그 아들을 보내셨음이라.**

이처럼 사랑은 너무나 중요합니다. 그래서 사도 바울은 고린도전서 13장을 시작하면서 제일 먼저 아가페의 사랑이 얼마나 위대하고 탁월한지를 그 당시 고린도 교회 성도들이 간절히 사모하며 열렬히 추구했던 귀한 은사들과 비교합니다. 특히, 고린도 교회 성도들이 대단한 자부심과 긍지와 우월감을 가지고 자랑하고 있던, 외적으로 눈에 잘 띄는 은사들과 비교합니다. 그런 대표적인 은사가 바로 방언, 예언, 믿음, 구제, 순교의 은사입니다.

[고전 13:1-3] 내가 **사람의 방언과 천사의 말을** 할지라도 사랑이 없으면 소리 나는 구리와 울리는 꽹과리가 되고 내가 **예언하는 능력이** 있어 모든 비밀과 모든 지식을 알고 또 산을 옮길 만한 모든 믿음이 있을지라도 사랑이 없으면 내가 아무 것도 아니요 내가 내게 있는 모든 것으로 구제하고 또 내 몸을 불사르게 내줄지라도 사랑이 없으면 내게 아무 유익이 없느니라.

여기서 사도 바울이 "사랑이 없으면"과 함께 강조하는 두 가지가 있습니다.

첫째, "내가 아무것도 아니요."
둘째, "내게 아무 유익 없느니라."

"내가 아무것도 아니요"의 헬라어 '우덴 에이미'라는 말은 '아무런 의미가 없다. 존재 가치가 없다'(I am nothing, NIV)라는 뜻입니다. 이렇게 '사랑이 없으면 아무것도 아니기에', 비록 우리가 대단한 은사들을 소유하고 있다고 할지라도, 자기에게 어떠한 유익도 되지 못합니다.

사도 바울은 은사 자체만을 과대평가하고 과잉 추구하는 고린도 교회 성도들을 향하여 사랑은 어떤 은사들보다도 위대하고 탁월하기에 은사보다 사랑을 더 간절히 사모하며 추구하라고 강력하게 촉구합니다. 그래서 고린도 교회 성도들이 대단한 자부심과 우월감을 가지고 자랑하는, 눈에 잘 띄는 몇 가지 은사와 사랑을 비교합니다.

1. 방언입니다

> [고전 13:1] 내가 **사람의 방언**[들, tongues]을 … 할지라도 사랑이 없으면 소리 나는 구리와 울리는 꽹과리가 되고.

사도 바울은 가장 위대하고 탁월한, 최고의 가치인 사랑을 먼저 방언과 비교합니다. 그것은 고린도 교회 성도들이 방언의 은사를 아주 높게 평가하면서 열렬하게 추구하며 자랑하고 있었기 때문입니다. 여기서 "방언"의 헬라어 '글롯사이스'(tongues)는 두 가지 종류로 볼 수 있으며 신약성경에서도 "방언"의 헬라어 '글롯사'를 두 종류로 기록하고 있습니다.

1) 외국어 방언(foreign tongues)

외국어 방언은 오순절에 성령이 임하심으로 그곳에 모여 있던 120명의 성도가 성령의 충만함을 받고 성령이 말하게 하심에 따라 각각 다른 언어를 말하게 된 은사입니다.

> [행 2:1-4] 오순절 날이 이미 이르매 그들이 다 같이 한곳에 모였더니 홀연히 하늘로부터 급하고 강한 바람 같은 소리가 있어 그들이 앉은 온 집에 가득하며 마치 불의 혀처럼 갈라지는 것들이 그들에게 보여 **각 사람 위에 하나씩 임하여 있더니 그들이 다 성령의 충만함을 받고 성령이 말하게 하심을 따라 다른 언어들로 말하기를 시작하니라.**

외국어 방언은 그 언어를 사용하는 사람들만이 의미를 알아들을 수 있는 방언입니다.

[행 2:5-8] 그때에 [오순절에 방언의 은사를 받은 성도들이 외국어 방언을 말할 때에] 경건한 유대인들이 천하 각국으로부터 와서 예루살렘에 머물러 있더니 이 소리가 나매 큰 무리가 모여 각각 자기의 방언으로 제자들이 말하는 것을 듣고 소동하여 놀라 신기하게 여겨 이르되 보라 이 말하는 사람들이 다 갈릴리 사람이 아니냐 우리가 우리 각 사람이 난 곳 방언으로 듣게 되는 것이 어찌 됨이냐.

오순절에 성령을 받은 120명의 성도가 성령 충만하여 방언으로 말할 때 오순절 절기를 지키기 위해 예루살렘에 와서 머물러 있던 로마 제국 전역에 흩어져 살던 디아스포라 유대인들이 깜짝 놀라며 신기하게 여긴 이유가 있습니다. 그것은 120명의 성도가 디아스포라 유대인이 사용하고 있던 그들 자신의 지역 언어로 말했기 때문입니다.

[행 2:9-11] 우리는 바대인과 메대인과 엘람인과 또 메소보다미아, 유대와 갑바도기아, 본도와 아시아, 브루기아와 밤빌리아, 애굽과 및 구레네에 가까운 리비야 여러 지방에 사는 사람들과 로마로부터 온 나그네 곧 유대인과 유대교에 들어온 사람들과 그레데인과 아라비아인들이라 우리가 다 우리의 각 언어로 하나님의 큰 일을 말함을 듣는도다 하고.

이렇게 외국어를 전혀 못 하는 사람들이 방언의 은사를 받아 성령의 능력으로 이제까지 배우지도 않았고 사용한 적도 없었던 외국어로 복음을 전하고 하나님의 큰일을 말하면서 하나님께 영광을 돌립니다.

이것은 얼마나 신기하고 놀라운 일입니까?

우리가 이런 외국어 방언의 은사를 받는다면 얼마나 좋겠습니까?

우리는 초등학교 때부터 대학을 졸업한 이후까지 열심히 영어를 배우지만, 영어를 사용하는 사람들과 만나 대화를 나누게 되면 주눅이 들고, 귀에 들리지도 않고, 입도 잘 떼지 못합니다.

그런 우리가 영어를 마음껏 듣고 유창하게 말할 수 있는 방언의 은사를 받는다면 얼마나 좋겠습니까?

그런 외국어 방언은 정말 소중하고 귀한 것입니다.

외국어 방언 외에 신약성경에 기록된 또 하나의 방언이 있습니다.

2) 영적 방언(spiritual tongues), 즉 영음(靈音, spiritual voice) 방언

사도행전 2장에 나오는 방언은 사람들을 대상으로 하는 '외국어 방언'이었습니다. 그런데 고린도전서 12장과 14장에 나오는 방언은 '사람들은 알아들을 수 없는 하나님께만 말하는' 영적 방언, 즉 '영음'(靈音, spiritual voice) 방언입니다.

> [고전 14:2] 방언을 말하는 자는 사람에게 하지 아니하고 하나님께 하나니 이는 알아 듣는 자가 없고 영(靈, by the Spirit, NIV)으로 비밀을 말함이라.

> [고전 14:14-15] 내가 만일 방언으로 기도하면 나의 영[my spirit, NIV]이 기도하거니와 나의 마음은 열매를 맺지 못하리라 그러면 어떻게 할까 내가 영으로[my spirit, NIV] 기도하고 또 마음으로 기도하며 내가 영으로[my spirit, NIV] 찬송하고 또 마음

으로 찬송하리라.

영적 방언, 즉 영음(靈音) 방언은 '우리 영이 성령의 능력으로써 인간이 이해할 수 없는 하늘의 언어로 하나님께 말하는 것'입니다. 방언으로 기도하는 사람들은 방언으로 하나님을 찬송할 수도 있습니다. 사람들은 도무지 알아들을 수 없는 하늘의 신령한 언어로 하나님과 여러 시간 동안 대화하고, 또 방언 찬양으로 하나님을 찬송하는 일은 참으로 매력적이고 소중한 일입니다.

신령한 영적 생활을 갈급해 하는 사람마다 방언을 사모하며 추구하게 됩니다. 우리가 이름만 들어도 잘 아는 한국 교회의 몇몇 유명한 목사님도 미국 유학 중에 방언의 은사를 받기 위해 간절히 사모하며 은사 집회에 참석했었다고 합니다.

우리 교회가 서울에 있을 때, 매달 한 번씩 금요철야기도회를 삼각산에서 가졌습니다. 금요일 밤 9시에 교회에 모여 1부 기도회를 잠시 가진 후, 삼각산으로 올라가 두어 시간 동안 흩어져서 각자 개인 기도를 했습니다. 어느 금요일 밤, 20대의 청년 자매가 중고등부 담당 교육전도사님이 기도하고 있던 위쪽의 바위에서 방언으로 찬양했었는데, 그 교육전도사님은 그 자매의 방언 찬양을 들으면서 방언 찬양이 너무 아름답고 은혜로워서 참 부러웠다고 고백했습니다.

저는 20대 초반, 청년 시절에 본교회 금요철야기도회에 참석했다가 간절히 기도하는 중에 방언의 은사를 받았습니다. 저는 금요철야기도회 중에 방언의 은사를 구하지 않았고, 또 기도회 중에도 성령의 은사나 방언의 은사를 구하는 순서도 없었습니다. 그런데도 간절히 기도하는 중에 생각지도 않았던 방언의 은사를 받은 것입니다. 금요철야기도회를 마치고 집으로 돌아오는데, 마음이 얼마나 기쁘고 감격스러운지 마치 하늘을 날아가는 기분이었습니다.

이렇게 우리가 방언으로 기도하고 방언으로 찬양할 수 있는 은사는 참 귀한 은사입니다. 그럼에도 성경은 사랑이 없는 방언 은사의 무익함을 지적합니다. 성경은 우리가 하는 방언이 전혀 배우지도 않은 외국어를 거침없이 구사하는 '외국어 방언'이든지, 혹은 신령한 하늘의 언어로써 기도하는 '영음 방언'이든지 "사랑이 없으면 아무것도 아니다"라고 분명히 말씀합니다. 오히려 사랑이 없는 방언은 "소리 나는 구리"와 "울리는 꽹과리"처럼 아무 의미가 없는 단지 소음(騷音)에 불과하다고 강조합니다.

> [고전 13:1] 내가 **사람의 방언**[들을]…할지라도 사랑이 없으면 소리 나는 구리와 울리는 꽹과리가 되고.

여기서 "소리 나는 구리"와 "울리는 꽹과리"는 바울 당시 우상을 섬기던 이방 신전에서 신(神)의 관심을 끌거나 귀신을 쫓아내기 위한 목적에서 사용되던 악기입니다. 이처럼 성경은 사랑이 없는 방언은 이방 신(神)을 불러들이기 위해 사용되는 악기가 내는 구리 소리와 울리는 꽹과리처럼 아무런 생명력이 없고 의미도 없는 소음(騷音)에 불과하다고 말씀합니다.

하나님께서는 방언의 은사를 교회와 지체들의 유익을 위해 사용하도록 우리에게 '은혜의 선물'로 주십니다. 그런데 방언의 은사를 사용하는 사람들 가운데는 교회와 지체들을 유익하게 하려는 사랑의 동기와 태도 없이 교회의 공적인 모임에서 방언의 은사를 사용하여 기도하고 찬양하는 사람들이 있습니다. 그래서 예배와 기도회 분위기를 소란케 하고 혼란스럽게 만듭니다. 그 결과 다른 성도들이 하나님께 온전히 마음을 집중하여 예배하고 기도하는 것을 방해하게 됩니다.

예배나 기도회에 참석하여 주위의 다른 사람들이 다 들을 수 있을 정도의 큰소리로 방언으로 기도하고 방언으로 찬양한다면 어떻게 되겠습니까?

방언으로 기도하고 찬양하는 소리를 듣는 다른 성도들의 마음이 산란해집니다. 방언하는 소리에 계속 신경이 쓰이게 됩니다. 그래서 온전히 마음을 집중하여 예배하고 기도하는 것이 불가능하게 됩니다.

고린도 교회의 성도들 가운데 방언의 은사를 받은 사람들이 바로 그러했습니다. 그래서 사도 바울은 그들에게 다음과 같이 권면합니다.

[고전 13:1] 내가 사람의 방언(들을) ⋯ 할지라도 사랑이 없으면 소리 나는 구리와 울리는 꽹과리가 되고.

[고전 14:12,19] 그러므로 너희도 영적인 것(성령의 은사)을 사모하는 자인즉 교회의 덕을 세우기 위하여 그것이 풍성하기를 구하라 ⋯ 그러나 교회에서 내가 남을 가르치기 위하여 깨달은 마음으로 다섯 마디 말을 하는 것이 일만 마디 방언으로 말하는 것보다 나으니라.

이렇게 사랑이 없으면 방언을 말하는 것이 아무것도 아닙니다. 교회와 다른 성도들에게 전혀 유익이 없습니다. 오히려 교회를 어지럽히고 다른 성도들을 힘들게 만드는 시끄럽고 불쾌한 소음(騷音)에 불과합니다. 그러기에 우리가 간절히 사모하며 열렬히 추구해야 할 것은 방언이 아니라 사랑입니다. 왜냐하면, 사랑은 방언보다 훨씬 더 위대하고 탁월하기 때문입니다.

2. 천사의 말입니다

> [고전 13:1] 내가 … 천사의 말을 할지라도 사랑이 없으면 소리 나는 구리와 울리는 꽹과리가 되고.

여기서 "천사의 말"은 하늘에서 천사들이 사용하는 언어를 가리킵니다. "천사의 말"이 어떤 종류의 말인지 우리는 알 수 없습니다. 신구약 성경에는 본문을 제외하고 "천사의 말"이라는 표현이 나오는 곳이 없습니다. 성경에는 천사들이 꿈이나 환상 가운데 나타나서 사람들에게 말하는 경우는 있지만, 구체적으로 "천사의 말"이라고 지적한 곳은 이곳밖에 없습니다.

여기서 사도 바울이 "천사의 말"을 언급한 것은 혹시 "천사의 말"이 있어서 우리가 "천사의 말"을 한다고 할지라도 사랑이 없으면 아무것도 아님을 강조하기 위해서입니다. 우리가 "천사의 말"과 같은 최고의 경지에 오른 천상(天上)의 언어를 사용할지라도 사랑이 없다면 소리 나는 구리와 울리는 꽹과리처럼 우리를 불쾌하게 만드는 소음에 불과하다는 것입니다. 사랑 없는 말은 아무리 고상하고 우아한 말이라고 할지라도 우리에게 아무런 유익을 주지 못하는 시끄러운 잡음에 지나지 않습니다.

아프리카 대륙을 복음화했던 선교사 데이비드 리빙스턴(David Livingstone, 1813-1873)이 죽은 지 삼 년 후에 영국 스코틀랜드의 유명한 설교가 헨리 드러몬드(Henry Drummond)가 리빙스턴으로부터 복음을 듣고 구원받은 원주민들을 방문했습니다. 헨리 드러몬드가 만난 원주민들은 리빙스턴에 대해 이구동성(異口同聲)으로 이렇게 말했습니다.

> 그가 우리에게 무슨 말을 했는지는 기억나지 않습니다. 그러나 우리는 분명히 기억합니다. 그는 우리를 사랑했습니다.

이렇게 "천사의 말"보다 더 위대하고 탁월한 것은 사랑입니다.

3. 모든 비밀과 모든 지식을 아는 예언의 능력입니다

> [고전 13:2] 내가 예언하는 능력이 있어 모든 비밀과 모든 지식을 알고(알아도) … 사랑이 없으면 내가 아무 것도 아니요.

여기서 "예언하는 능력"은 주로 '선지자 직'(職)과 관련된 성령의 은사입니다. '예언의 은사'는 일반 사람들은 알 수 없는 하나님의 깊은 뜻을 깨달아 알고, 이것을 사람들에게 전하는 은사입니다. "예언하는 능력"(the gift of prophecy)의 헬라어 '프로페테이아'는 '말을 토하여 내다, 미리 경고하다, 앞서 말하다, 다른 사람을 위해 말하다'의 헬라어 '프로페튜오'로부터 유래됐습니다.

예언은 다음과 같이 두 가지 의미로 설명할 수 있습니다.

첫째, 앞으로 될 일을 미리 말하는 것입니다. 즉, 예언의 은사는 앞으로 이루어질 일에 대한 하나님의 계시를 다른 사람들에게 전달하는 은사입니다.

둘째, 특정한 개인이나 상황에 대하여 하나님께서 즉흥적으로 주신 감동을 표현하는 은사입니다.

'예언'의 헬라어 '프로페튜오'는 주로 '앞서 말하는 것'을 의미합니다. 이것은 '어떤 사건이 일어나기 전에 말한다'라는 의미도 있지만, '사람들 앞에서 공적(公的)으로 말한다'라는 의미도 있습니다. 따라서 예언은 단순히 미래를 예측하는 행위만을 뜻하는 것이 아닙니다. 오히려 성령의 은사로서의 예언의 강조점은 하나님의 감추어진 계시의 내용과 뜻을 명확하게 이해하여 선포하는 데 있습니다.

실제로 성경에 나타난 예언의 80퍼센트는 미래적인 것보다는 현재적인 사건에 대한 해석과 진단, 권면과 위로 그리고 경고에 집중되고 있습니다. 그러기에 참된 의미의 예언은 성도들을 깨우치고, 교회의 덕을 세우며, 사회를 유익하게 만듭니다.

> [고전 14:3] 그러나 예언하는 자는 사람에게 말하여 덕을 세우며 권면하며 위로하는 것이요.

이렇게 예언이 주어지는 가장 기본적인 목적은 교회의 덕을 세우며 성도들을 깨우치고 권면하며 위로하기 위한 것입니다. 그래서 학자들은 성경의 예언은 오늘날의 설교와 유사한 기능을 가지고 있다고 말합니다.

그 외에도 예언이 주어지는 목적에는 여러 가지가 있습니다.

첫째, 예언은 죄를 드러나게 하는 역할을 합니다(고전 14:24-25).

[고전 14:24-25] 그러나 다 예언을 하면 믿지 아니하는 자들이나 알지 못하는 자들이 들어와서 모든 사람에게 책망을 들으며 모든 사람에게 판단을 받고 그 마음의 숨은 일들이 **드러나게 되므로** 엎드리어 하나님께 경배하며 하나님이 참으로 너희 가운데 계신다 전파하리라.

둘째, 예언은 생각을 드러나게 하는 역할을 합니다(마 9:4-5).

[마 9:2-5] 침상에 누운 중풍병자를 사람들이 데리고 오거늘 예수께서 그들의 믿음을 보시고 중풍병자에게 이르시되 작은 자야 안심하라 네 죄 사함을 받았느니라 어떤 서기관들이 속으로 이르되 이 사람이 신성을 모독하도다 예수께서 **그 생각을 아시고** 이르시되 너희가 어찌하여 마음에 악한 생각을 하느냐 네 죄 사함을 받았느니라 하는 말과 일어나 걸어가라 하는 말 중에 어느 것이 쉽겠느냐.

셋째, 예언은 치유가 일어나는 데도 도움을 줍니다(요 4:46-53).

[요 4:46-53] …왕의 신하가 있어 그의 아들이 가버나움에서 병들었더니 그가 예수께서 유대로부터 갈릴리로 오셨다는 것을 듣고 가서 청하되 내려오셔서 내 아들의 병을 고쳐 주소서 하니 **그가 거의 죽게 되었음이라** … 예수께서 이르시되 **가라 네 아들이 살아 있다** 하시니 그 사람이 예수께서 하신 말씀을 믿고 가더니 내려가는 길에서 그 종들이 오다가 만나서 **아이가 살아 있다** 하거늘 그 낫기 시작한 때를 물은즉

어제 일곱 시에 열기가 떨어졌나이다 하는지라 그의 아버지가 예수께서 네 아들이 살아 있다 말씀하신 그 때인 줄 알고 자기와 그 온 집안이 다 믿으니라.

넷째, 예언은 하나님이 세우시는 일꾼을 분별하게 해 줍니다.

다섯째, 예언은 영적 전쟁에서 필수적인 역할을 감당하기도 합니다.

이렇게 예언이 주어지는 목적은 여러 가지가 있지만, 예언의 주된 목적은 교회의 덕을 세우는 일과 밀접한 관련이 있습니다. 그래서 사도 바울은 고린도 교회 성도들에게 모든 은사 중에서 특별히 사모하며 구해야 할 가장 좋은 은사가 바로 예언의 은사라고 강조합니다. 그래서 그들에게 특히 예언의 은사를 사모하며 구하라고 강조합니다.

> [고전 14:1, 3-5, 39] … 신령한 것들[성령의 은사들]을 사모하되 **특별히 예언을 하려고 하라** … 예언하는 자는 사람에게 말하여 덕을 세우며 권면하며 위로하는 것이요 방언을 말하는 자는 자기의 덕을 세우고 예언하는 자는 교회의 덕을 세우나니 나는 너희가 다 방언 말하기를 원하나 **특별히 예언하기를 원하노라** … 그런즉 내 형제들아 예언하기를 사모하며 ….

오늘 우리 시대는 그 어느 때보다 불확실성으로 가득한 시대입니다. 우리는 불확실한 미래에 대해 많이 불안해하고 두려워하며 염려하고 있습니다. 우리 자신이나 가족들의 건강과 안전, 직장과 사업 문제, 경제적인 문제, 노후 문제, 자녀들의 장래 문제 등 안심할 수 있는 것이 하나도 없습니다.

그런데 우리가 이런 미래의 삶과 모든 문제를 전부 다 알 수 있는 특출한 예언의 은사를 받았다면 그 은사는 얼마나 대단한 은사이겠습니까?

만약 그런 예언의 은사를 받을 수만 있다면 우리는 그 은사를 간절히 사모하며 열렬히 추구할 것입니다. 그런데 성경은 우리가 그런 특출한 예언의 은사를 가지고 혹시 모든 비밀과 모든 지식을 안다고 할지라도 사랑이 없으면 아무것도 아니라고 말씀합니다.

또한, 예언의 은사를 현재적인 사건에 대한 해석과 진단, 권면과 위로, 그리고 경고로 보고, 예언의 주된 목적이 교회의 덕을 세우며 성도들을 권면하며 위로하기 위한 것으로 해석하는 경우도 다를 바가 없습니다. 이 모든 것 역시 사랑이 없으면, 아무것도 아닙니다.

사랑이 없이 예언하는데 교회의 덕이 세워지겠습니까?

사랑 없이 예언의 은사로 성도들을 권면하고 위로한다면 진짜 권면이 되고 위로가 되겠습니까?

사도 바울이 여기서 예언의 은사를 가지고 모든 비밀과 모든 지식을 안다고 표현하는 것은 과장법입니다. 왜냐하면, 인간은 아무리 뛰어난 사람이라고 할지라도 모든 비밀과 모든 지식을 알 수 없기 때문입니다. 오직 모든 것을 다 아시는 전지(全知)하신 하나님만이 모든 비밀과 모든 지식을 알 수 있는 능력을 가지고 계십니다.

따라서 사도 바울은 여기서 인간이 그런 전지(全知)한 능력을 가지는 것은 불가능하지만, 혹시 가질 수 있다고 가정하더라도 사랑이 없으면 아무 소용이 없다고 강조하는 것입니다. 그렇게 엄청난 예언의 은사도 사랑이 없으면 소리 나는 구리와 울리는 꽹과리처럼 시끄럽고 불쾌한 소음에 지나지 않습니다.

그 분명한 예를 주님께서 산상수훈에서 말씀하신 최후 심판 날, 주님으로부터 준엄한 심판을 받게 되는 선지자들을 통해서도 분명히 볼 수 있습니다.

[마 7:22-23] 그 날에 [최후 심판 날에] 많은 사람이 나더러 이르되 **주여 주여 우리가 주의 이름으로** [헬: 당신의 이름으로, in your name] **선지자 노릇 하며** … 그 때에 내가 그들에게 밝히 말하되 **내가 너희를 도무지 알지 못하니 불법을 행하는 자들아 내게서 떠나가라** 하리라.

여기서 "주의 이름으로 선지자 노릇 하며"라는 것은 '주님의 이름으로 예언했다'(We have prophesied in your name)는 의미입니다.

그렇다면 왜 그들은 주님의 이름으로 정확한 예언을 했음에도 불구하고 주님의 엄한 책망과 준엄한 심판을 받습니까?

그것은 그들이 비록 주님의 이름으로 예언했고, 또 그 예언이 정확한 예언이었지만, 예언하는 그들의 동기와 태도가 잘못되었기 때문입니다. 그들의 마음에는 사랑이 없었습니다. 그들은 예언할 때 사랑의 동기와 태도로 예언하지 않았습니다.

그 결과 그들은 예언하면서 불법을 행했고, 그들의 모든 예언 사역은 자신들에게 아무런 유익을 줄 수 없었습니다. 결국, 그들은 주님에게서 떠나 영원한 지옥 불 속으로 들어갈 수밖에 없는, 주님이 도무지 알지 못하는 악한 자들이었습니다.

사랑하는 성도 여러분!

사랑이 없으면 방언도, 천사의 말도, 모든 비밀과 모든 지식을 아는 예언의 능력도 아무것도 아닙니다. 사랑이 없으면 대단한 재능과 달란트도, 놀라운 은사들도, 귀한 헌신과 봉사와 희생도, 위대한 업적도 아무것도 아닙니다. 내게 아무런 유익이 없습니다.

그렇다면 지금 여러분이 사모하고 추구하고 구하고 있는 것은 무엇입니까?

여러분이 신앙생활하고 인생을 살면서 이루고자 하고 성취하고자 하는 것은 무엇입니까?

우리 신앙생활과 인생은 사랑의 견고한 반석 위에 세워져야 합니다. 그래야 그 모든 것이 결코 헛되지 않습니다. 그러므로 늘 사랑의 삶을 살기를 간절히 사모합시다. 사랑의 삶을 살 수 있도록 하나님의 아가페 사랑을 우리 마음에 계속 부어 주시기를 간절히 구합시다.

그리고 '사랑의 영'이신 성령의 능력과 도우심을 힘입어 우리 삶의 현장인 가정과 직장과 교회와 사회에서 하나님의 아가페 사랑을 하나씩 하나씩 구체적으로 실천해 갑시다.

그때 우리 신앙생활과 인생은 아가페 사랑의 견고한 반석 위에 세워져서 마지막 심판 날까지 결코 무너지지 않을 것입니다. 그리하여 우리는 마지막 심판 날, 주님께서 인정하시고 칭찬하시는 반석 위에 집을 세운 지혜로운 자로서 심판 주이신 주님의 큰 칭찬과 상급을 받게 될 것입니다.

― 제4장 ―
사랑의 위대성과 탁월성(2)

[고전 13:1-3] 내가 사람의 방언과 천사의 말을 할지라도 사랑이 없으면 소리 나는 구리와 울리는 꽹과리가 되고 내가 예언하는 능력이 있어 모든 비밀과 모든 지식을 알고 또 산을 옮길 만한 모든 믿음이 있을지라도 사랑이 없으면 내가 아무 것도 아니요 내가 내게 있는 모든 것으로 구제하고 또 내 몸을 불사르게 내줄지라도 사랑이 없으면 내게 아무 유익이 없느니라.

20세기 후반 가장 영향력 있는 복음주의 저자 가운데 한 사람이었던 아더 핑크(Arthur W. Pink, 1886-1952)의 『네 하나님을 알라』(*The Attributes of God*)를 보면 '하나님의 사랑'에 대한 존 브라인(John Brain)의 말을 인용합니다.

하나님의 무한한 사랑은 그 어떤 말로도 온전히 표현할 수 없고 그 어떤 생각으로도 이해할 수 없습니다. 그분의 사랑은 인간의 지식을 초월합니다. … 하나님의 사랑은 그에게 관심을 기울이는 모든 사람에게 필요한 모든 선한 것을 흘러내는 샘물과도 같습니다.

예수 그리스도를 믿음으로 말미암아 구원받은 그리스도인들은 이런 하나님의 놀라운 아가페 사랑을 생각하지 않고는 신앙생활이나 인생이나 내세의 삶이나 그 어느 것 하나라도 생각조차 할 수 없습니다. 우리가 창세 전에 하나님의 자녀로 선택되고 예정된 이유도 하나님의 아가페 사랑 때문입니다.

[엡 1:4-5] 곧 창세 전에 그리스도 안에서 우리를 [선]택하사 우리로 사랑 안에서 그 앞에 거룩하고 흠이 없게 하시려고 그 기쁘신 뜻대로 우리를 예정하사 예수 그리스도로 말미암아 자기의 아들들이 되게 하셨으니.

우리가 예수님을 믿고 구원받아 영생을 얻은 것 역시 독생자를 우리에게 주신 하나님의 아가페 사랑 때문입니다.

[요 3:16] 하나님이 세상을 이처럼 사랑하사 독생자를 주셨으니 이는 그를 믿는 자마다 멸망하지 않고 영생을 얻게 하려 하심이라.

20세기 최고의 복음주의 신학자로 불렸던 패커 박사(J. I. Packer, 1926-2020)는 그의 불후(不朽)의 명저(名著)인 『하나님을 아는 지식』(*Knowing God*,

CLC 刊)에서 이렇게 말합니다.

> 죄인들을 향한 하나님 아버지의 사랑은 자기 아들을 선물로 주셔서 그들의 구세주가 되도록 하신 것에 의해 표현되었다.

또한, 우리가 지금 이 땅에서 믿음으로 살고, 또 하나님의 일을 감당할 수 있는 것도 하나님의 아가페 사랑 때문입니다. 심지어 우리가 잘못된 길로 빠져 멸망을 향해 나아갈 때도 결국 회개하고 돌이킬 수 있는 것 역시 천년을 하루 같이, 하루를 천년같이 오래 참으시는 하나님의 아가페 사랑 때문입니다.

> [벧후 3:8-9] 사랑하는 자들아 **주께는 하루가 천 년 같고 천 년이 하루 같다는** 이 한 가지를 잊지 말라 주의 약속은 어떤 이들이 더디다고 생각하는 것 같이 더딘 것이 아니라 오직 주께서는 너희를 대하여 오래 참으사 아무도 멸망하지 아니하고 다 회개하기에 이르기를 원하시느니라.

그리고 우리가 죽은 후에도 내세에서 영생복락(靈生福樂)을 누리면서 영원히 복되게 살 수 있는 것도 하나님의 아가페 사랑 때문입니다. 이렇게 하나님의 아가페 사랑은 우리 신앙생활과 인생뿐만 아니라 영원한 내세까지 우리를 복되게 만드는 근원이기에 너무나 고귀하고 소중하고 중요합니다.

그렇지만 수많은 그리스도인이 하나님의 아가페 사랑은 무시하고 자신들의 신앙생활과 인생을 엉뚱한 것에 초점을 맞추고 삽니다. 대표적인 성도들이 바로 고린도 교회 성도들이었습니다. 그들은 고귀하고 소중하고 중요한 사랑보다 은사를 더 중시하고 거기에 초점을 맞추어 신앙생활을 했습니다.

그러기에 사도 바울은 고린도전서 13장을 시작하면서 제일 먼저 아가페의 사랑이 얼마나 위대하고 탁월한지를 당시 고린도 교회 성도들이 간절히 사모하며 열렬히 추구했던 귀한 은사들과 비교하여 설명합니다. 지난주에 우리는 그중에서 방언과 천사의 말과 예언을 살펴보았습니다.

> [고전 13:1-2] 내가 **사람의 방언과 천사의 말을** 할지라도 사랑이 없으면 소리 나는 구리와 울리는 꽹과리가 되고 내가 **예언하는** 능력이 있어 모든 비밀과 모든 지식을 **알고**[알아도] … 사랑이 없으면 내가 아무것도 아니요.

오늘은 사도 바울이 가장 위대하고 탁월한 사랑과 비교한 나머지 세 가지 은사를 살펴보겠습니다.

> 고전 13:2-3 (내가) … 또 **산을 옮길 만한 모든 믿음이** 있을지라도 사랑이 없으면 내가 아무 것도 아니요 내가 **내게 있는 모든 것으로 구제하고** 또 내 **몸을 불사르게 내줄지라도** 사랑이 없으면 내게 아무 유익이 없느니라.

1. 산을 옮길 만한 믿음입니다

[고전 13:2] … 또 산을 옮길 만한 모든 믿음이 있을지라도 사랑이 없으면 내가 아무 것도 아니요.

우리 신앙생활에서 믿음은 얼마나 귀하고 중요합니까?
우리 신앙생활에서 믿음이 참으로 중요한 이유는 믿음이 없이는 하나님께서 기뻐하시는 신앙생활이 불가능하기 때문입니다.

[히 11:6] 믿음이 없이는 하나님을 기쁘시게 하지 못하나니 하나님께 나아가는 자는 반드시 그가 계신 것과 또한 그가 자기를 찾는 자들에게 상 주시는 이심을 믿어야 할지니라.

공관복음서(共觀福音書)인 마태, 마가, 누가복음을 보면 주님께서 크게 기뻐하시고 칭찬하시면서 놀라운 축복을 베푸셨던 사람들은 다 주님께서 인정하시는 큰 믿음을 가진 사람들이었습니다. 대표적인 사람이 바로 중풍병에 걸린 하인을 위하여 간구한 이방인 백부장과 흉악한 귀신 들린 딸을 위해 간구한 가나안 여인입니다.

[마 8:10, 13] 예수께서 들으시고 놀랍게 여겨 따르는 자들에게 이르시되 내가 진실로 너희에게 이르노니 이스라엘 중 아무에게서도 이만한 믿음을 보지 못하였노라 … 예수께서 백부장에게 이르시되 가라 네 믿은 대로 될지어다 하시니 그 즉시 하인이 나으니라.

[마 15:28] 이에 예수께서 대답하여 이르시되 **여자여 네 믿음이 크도다 네 소원대로 되리라** 하시니 그 때로부터 그의 딸이 나으니라.

반면에 아무리 주님께서 사랑하시는 제자라고 할지라도 믿음이 없거나 믿음이 작을 때는 그들을 책망하셨습니다.

[눅 8:23-25] (제자들과 함께) 행선(行船)할 때에 예수께서 잠이 드셨더니 마침 광풍이 호수로 내리치매 배에 물이 가득하게 되어 위태한지라 제자들이 나아와 깨워 이르되 **주여 주여 우리가 죽겠나이다** 한대 예수께서 잠을 깨사 바람과 물결을 꾸짖으시니 이에 그쳐 잔잔하여지더라 **제자들에게 이르시되 너희 믿음이 어디 있느냐** ….

[마 14:29-31] (예수께서) 오라 하시니 베드로가 배에서 내려 물 위로 걸어서 예수께로 가되 **바람을 보고 무서워 빠져 가는지라** 소리 질러 이르되 **주여 나를 구원하소서** 하니 예수께서 즉시 손을 내밀어 그를 붙잡으시며 이르시되 **믿음이 작은 자여 왜 의심하였느냐** 하시고.

[마 16:8-10] 예수께서 아시고 이르시되 **믿음이 작은 자들아 어찌 떡이 없으므로 서로 논의하느냐 너희가 아직도 깨닫지 못하느냐** 떡 다섯 개로 오천 명을 먹이고 주운 것이 몇 바구니며 떡 일곱 개로 사천 명을 먹이고 주운 것이 몇 광주리였는지를 기억하지 못하느냐.

이처럼 믿음은 우리 신앙생활에 있어서 너무나 귀하고 중요한 요소입니다. 왜냐하면, 하나님께서 인정하시는 의인은 오직 믿음으로 말미암아 살게 되고, 또 신앙생활은 믿음으로 믿음에 이르는 생활이기 때문입니다. 우리 신앙생활은 믿음으로 시작하여 믿음으로 진행하다가 결국 믿음으로 마무리 짓게 됩니다.

> [롬 1:17] 복음에는 하나님의 의가 나타나서 **믿음으로 믿음에 이르게 하나니** 기록된 바 오직 의인은 믿음으로 말미암아 살리라 함과 같으니라.

이렇게 믿음이 참으로 중요하지만, 사도 바울은 고린도 교회 성도들에게 "산을 옮길 만한 믿음"이 있을지라도 사랑이 없으면 아무것도 아니라고 강조합니다.

> [고전 13:2] …또 산을 옮길 만한 모든 믿음이 있을지라도 사랑이 없으면 내가 아무것도 아니요.

여기서 말하는 "산을 옮길 만한 믿음"은 우리가 구원을 얻고, 날마다 삶 속에서 주님을 신뢰하는 일반적인 의미에서의 믿음과는 차원이 다른 믿음입니다. 고린도전서 12장 9절에 나오는 성령의 은사로서의 믿음을 가리킵니다.

이는 하나님의 특별한 선물로서 주어지는 은사로 능력과 기적을 일으키는 믿음(*fides miraculosa*)을 가리킵니다. 또한, 모든 일을 행하실 수 있는 하나님께 대한 전적인 신뢰로 인하여 일반 신자들이 못하는 기적을 행할 수 있는 믿음입니다.

이 믿음은 거듭한 신자가 가지고 있는 '일반적인 믿음'에다 성령의 은사로 더해지는 믿음입니다. 이런 믿음의 은사는 놀라운 역사(役事)와 기적을 일으키는 믿음으로, '산이라도 옮길 수 있는 믿음의 능력'을 가리킵니다. 일평생 동안 오만 번의 기도 응답을 받으면서 하나님의 놀라운 능력과 기적을 체험했던 조지 뮬러(George Müller, 1805-1898) 같은 사람이 가졌던 믿음을 말합니다.

[마 17:20] 이르시되 너희 믿음이 작은 까닭이니라 진실로 너희에게 이르노니 만일 너희에게 믿음이 겨자씨 한 알 만큼만 있어도 이 산을 명하여 여기서 저기로 옮겨지라 하면 옮겨질 것이요 또 너희가 못할 것이 없으리라.

[마 21:21] 예수께서 대답하여 이르시되 내가 진실로 너희에게 이르노니 만일 너희가 믿음이 있고 의심하지 아니하면 이 무화과나무에게 된 이런 일만 할 뿐 아니라 이 산더러 들려 바다에 던져지라 하여도 될 것이요.

오늘날 우리는 수많은 문제와 어려움을 겪으면서 불확실한 인생을 살고 있습니다.

그런 우리에게 이런 놀라운 능력과 기적을 일으키는 믿음의 은사가 주어진다면 얼마나 감격스럽겠습니까?

우리가 인생을 살다 보면 우리가 결코 뛰어넘을 수 없는 큰 산과 작은 산과 같은 험한 장애물이 우리 앞에 가로 놓여 있을 때가 참 많이 있습니다.

그때 우리가 믿음의 은사로서 그 모든 장애물을 쳐서 부스러기와 겨 같이 만들거나 평지와 같이 만들 수 있다면 얼마나 좋겠습니까?

[사 41:15] 보라 내가 너를 이가 날카로운 새 타작기로 삼으리니 네가 산들을 쳐서 부스러기를 만들 것이며 작은 산들을 겨 같이 만들 것이라.

[슥 4:6-7] … 만군의 여호와께서 말씀하시되 이는 힘으로 되지 아니하며 능력으로 되지 아니하고 오직 나의 영[靈, 성령]으로 되느니라 큰 산아 네가 무엇이냐 네가 … 평지가 되리라 ….

그러나 비록 우리가 이런 엄청난 믿음의 은사를 가지고 '산이라도 옮길 수 있는 믿음의 능력'을 가지고 있다고 할지라도, '사랑이 없으면 아무것도 아닙니다.' 사랑이 없이는 비록 그런 대단한 믿음의 은사를 소유하여 놀라운 능력과 기적을 행한다고 할지라도 아무런 의미가 없고 무가치하며 자신에게 어떠한 유익도 되지 못합니다.

2. 내게 있는 모든 것을 주는 구제입니다

[고전 13:3] 내가 내게 있는 모든 것으로 구제하고(해도)…사랑이 없으면 내게 아무 유익이 없느니라.

구제는 가장 큰 계명인 이웃 사랑을 구체적으로 실천하는 참으로 중요한 계명입니다. 하나님께서 자신을 계시하시는 '자기 계시'(Divine self-identification) 가운데 하나는 구제와 관련되어 있습니다.

[시 68:5] 그의 거룩한 처소에 계신 하나님은 고아의 아버지시며 과부의 재판장이시라.

그러므로 구제가 얼마나 중요합니까?
그래서 하나님께서는 우리에게 구제를 명령하셨고 우리가 그 명령에 순종하여 구제할 때 참으로 기뻐하십니다.

[신 15:11] 땅에는 언제든지 가난한 자가 그치지 아니하겠으므로 내가 네게 명령하여 이르노니 너는 반드시 네 땅 안에 네 형제 중 곤란한 자와 궁핍한 자에게 네 손을 펼지니라.

[잠 19:17] 가난한 자를 불쌍히 여기는 것은 여호와께 꾸어 드리는 것이니 그의 선행을 그에게 갚아 주시리라.

[시 41:1] 가난한 자를 보살피는 자에게 복이 있음이여 재앙의 날에 여호와께서 그를 건지시리로다.

[잠 28:27] 가난한 자를 구제하는 자는 궁핍하지 아니하려니와 못 본 체하는 자에게는 저주가 크리라.

주님께서도 참된 구제를 아주 강조하셨고 놀라운 축복을 약속하셨습니다.

[마 6:3-4] 너는 구제할 때에 오른손이 하는 것을 왼손이 모르게 하여 네 구제함을 은밀하게 하라 은밀한 중에 보시는 너의 아버지께서 갚으시리라.

[눅 6:38] 주라 그리하면 너희에게 줄 것이니 곧 후히 되어 누르고 흔들어 넘치도록 하여 너희에게 안겨 주리라 ….

이 말씀은 저희 어머니가 평생 붙잡고 사셨던 말씀입니다. 어머니는 생전에 자주 이 말씀을 암송하시면서 주님께서는 이 약속을 신실하게 지키시는 분임을 자녀들에게 강조하셨습니다. 그리고 제게도 이렇게 부탁하셨습니다.

"김 목사도 구제를 열심히 해야 해!"

심지어 주님께서는 우리의 남는 것 중에서가 아니라, 우리 소유를 팔아 구제할 때 그것이 바로 '하늘에 보물을 쌓는 것'이라고까지 말씀하셨습니다.

[눅 12:33] 너희 소유를 팔아 구제하여 낡아지지 아니하는 배낭을 만들라 곧 하늘에 둔 바 다함이 없는 보물이니 거기는 도둑도 가까이하는 일이 없고 좀도 먹는 일이 없느니라.

이렇게 성부 하나님과 성자 예수 그리스도께서 구제를 강조하셨기에 초대 교회도 구제를 매우 강조하면서 부지런히 실천했습니다. 사도들은 구제를 복음과 함께 또 복음 증거와 동시에 실천해야 할 그리스도인의 참된 신앙생활의 원칙으로 보았습니다.

[갈 2:9-10] 또 기둥 같이 여기는 야고보[예수님의 친동생]와 게바[베드로]와 [사도] 요한도 내게 주신 은혜를 알므로 나와 바나바에게 친교의 악수를 하였으니 우리는 이방인에게로, 그들은 할례자에게로 가게 하려 함이라 다만 **우리에게 가난한 자들을 기억하도록 부탁하였으니 이것은 나도 본래부터 힘써 행하여 왔노라.**

야고보서를 기록한 예수님의 친동생 야고보는 구제가 우리의 경건 생활의 핵심이라고 강조합니다.

[약 1:27] 하나님 아버지 앞에서 정결하고 더러움이 없는 경건은 곧 고아와 과부를 그 환난 중에 돌보고 또 자기를 지켜 세속에 물들지 아니하는 그것이니라.

우리가 하나님 아버지 앞에서 정결하고 더러움이 없는 경건을 소유하기 위해서는 고아와 과부를 구제하고 돌아보는 것이 우리 자신을 지켜 세속에 물들지 않는 것보다 우선순위가 되어야 합니다.

이렇게 그리스도인들에게 있어서 구제는 선택 사항이 아니라 반드시 실천해야 할 필수 사항입니다. 하나님께서는 우리의 사소한 구제까지 절대로 잊지 않으시고 반드시 기억하시고, 놀라운 상급과 보상으로 갚아 주십니다. 현세에서도 갚아 주시지만, 무엇보다 내세에서 완전한 보상과 영원한 상급으로 반드시 갚아 주십니다.

[고후 9:9] 기록된 바 **그가 흩어 가난한 자들에게 주었으니 그의 의[義]가 영원토록 있느니라** 함과 같으니라.

이렇게 구제가 중요하지만, 우리가 "내게 있는 모든 것으로", 즉 우리의 전 재산으로 구제한다고 할지라도 사랑이 없으면 내게 전혀 유익이 없습니다.

> [고전 13:3] 내가 **내게 있는 모든 것으로 구제하고**[해도]…사랑이 없으면 내게 아무 유익이 없느니라.

사랑 없는 구제의 대표적인 실천자가 바로 바리새인들이었습니다. 그들은 얼마나 규칙적으로, 철저하게, 자주 구제했는지 모릅니다. 그렇지만 그들은 주님의 준엄한 책망을 들었습니다. 왜냐하면, 구제하는 그들의 동기와 태도와 모습이 잘못되어 있었기 때문입니다. 그들의 구제의 동기는 사랑이 아니었습니다.

그들이 구제하는 태도와 모습도 겸손하지 못하고 교만했습니다. 그들은 마치 구제 대상자에게 시혜(施惠)를 베푸는 교만한 태도로 구제했고, 구제하는 모습도 하나님을 의식하지 않고 사람들을 의식하면서 자랑하는 모습이었습니다. 그들은 자기들의 구제와 자선 행위를 사람들이 알아 주기를 원했기에 나팔을 불며 구제했습니다. 주님께서는 사랑이 없는 그들의 구제를 언히 책망하시면서 아무런 유익이 없다고 하셨습니다.

> [마 6:2-4] 그러므로 **구제할 때에 외식하는 자가 사람에게서 영광을 받으려고 회당과 거리에서 하는 것 같이 너희 앞에 나팔을 불지 말라 진실로 너희에게 이르노니 그들은 자기 상을 이미 받았느니라** 너는 구제할 때에 **오른손이 하는 것을 왼손이 모르게 하여 네 구제함을 은밀하게 하라 은밀한 중에 보시는 너의 아버지께서 갚으시리라**.

이처럼 사랑이 없으면 아무리 자기의 모든 재산으로 구제해도 하나님의 축복과 상급과 보상이 없는 전혀 무의미하고 무가치한, 헛된 일에 불과합니다.

3. 내 몸을 불사르게 내어 주는 순교입니다

[고전 13:2-3] [내가] … 또 내 몸을 불사르게 내줄지라도 사랑이 없으면 내게 아무 유익이 없느니라.

여기 '불사르다'의 헬라어 '카우데소마이'는 '순교'를 의미합니다. 다니엘서 3장에는 다니엘의 세 친구 사드락, 메삭, 아벳느고가 하나님을 위해 자기 몸을 불사르도록 내어 주는 순교의 모습이 기록되어 있습니다.

이렇게 하나님을 위해 자기 몸을 내어놓는 순교 신앙은 최고의 자기 헌신과 자기희생의 지고지순(至高至純)한 신앙입니다. 이스라엘 역사를 살펴보면 실제로 마카비 시대 이래 유대인들이 최고의 경건을 나타내는 표지(標識)로 선택했던 것이 바로 불 속에 자신을 던져 순교하는 것이었습니다.

이렇게 순교는 그리스도인이 하나님께 바칠 수 있는 최고의 헌신과 희생입니다. 주님께서는 순교자들에게는 '생명의 면류관'을 약속하셨습니다. 주님의 이름을 위하여 순교한 자들은 주님과 함께 왕 노릇하게 될 것입니다.

[계 2:10하] (한글개역) … 네가 죽도록 충성하라 그리하면 내가 생명의 면류관을 네게 주리라.

[계 20:4] … 또 내가 보니 **예수를 증언함과 하나님의 말씀 때문에 목 베임을 당한 자들의 영혼들**과 또 짐승과 그의 우상에게 경배하지 아니하고 그들의 이마와 손에 그의 표를 받지 아니한 자들이 **살아서 그리스도와 더불어 천 년 동안 왕 노릇 하니**.

그런데 우리가 최고의 헌신과 희생으로 불 속에 우리 몸을 던져 순교한다고 할지라도 사랑이 없으면 우리 자신에게 아무런 유익이 없습니다. 전혀 무의미하고 무가치한 일에 불과합니다.

[고전 13:2-3] [내가] … 또 **내 몸을 불사르게 내줄지라도** 사랑이 없으면 내게 아무 유익이 없느니라.

사랑하는 성도 여러분!

이처럼 사랑은 너무너무 중요합니다. 사랑이 없으면 그 놀라운 은사들도, 최고의 고귀한 헌신과 희생도 아무것도 아닙니다. 방언도, 천사의 말도, 모든 비밀과 모든 지식을 아는 예언의 능력도, 산을 옮길 수 있는 믿음도, 나의 전 재산을 드리는 구제도, 내 몸을 불사르게 내주는 순교도 아무 소용이 없고, 아무것도 아닙니다. 내게 아무런 유익이 없습니다.

따라서 우리의 신앙생활과 인생은 철저하게 사랑에 기초해야 합니다. 아가페 사랑이 견고한 터전이 되어야 합니다. 이 사랑은 하나님으로부터 시작되었습니다.

[요 3:16] **하나님이 세상을 이처럼 사랑하사 독생자를 주셨으니** ….

[요일 4:10] **사랑은 여기 있으니** 우리가 하나님을 사랑한 것이 아니요 **하나님이 우리를 사랑하사** …그 아들을 보내셨음이라.

[롬 5:8] 우리가 아직 죄인 되었을 때에 그리스도께서 우리를 위하여 죽으심으로 하나님께서 우리에 대한 자기의 사랑을 확증하셨느니라.

하나님께서는 우리가 아직 죄인 되었을 때, 하나님을 떠나 그분을 전혀 사랑하지 않았을 때, 독생자 예수 그리스도를 아낌없이 주심을 통해 우리를 얼마나 사랑하시는지를 분명히 보여 주시고 확증하셨습니다. 그리고 우리가 예수 그리스도를 믿을 때 우리의 모든 죄를 용서해 주시고, 영원한 생명을 얻게 하시며, 하나님의 보배롭고 존귀한 자녀로 삼아주셨습니다.

또한, 성령을 통하여 하나님의 아가페 사랑을 넘치도록 부어주셔서 우리가 아가페 사랑으로 하나님을 사랑하고 믿음의 형제들을 사랑하며 이웃을 사랑할 수 있게 하셨습니다. 따라서 우리는 거룩한 '사랑의 삶'을 통해 삶의 현장에서 구체적으로 그 사랑을 입증해야 합니다. 이 사실을 종교개혁자 칼빈은 이렇게 말합니다.

> 그리스도인의 신앙은 거룩한 삶으로 입증되어야 한다.

사랑하는 성도 여러분!
여러분의 신앙은 날마다 삶의 현장에서 거룩한 사랑의 삶으로 입증되고 있는 참된 신앙입니까?

물론, 성령으로 거듭난 참 신자들 안에도 죄악 되고 타락한 옛사람의 본성이 남아 있기에 우리는 본성적으로 여전히 자기중심적이고 죄악 된 자기 사랑을 추구하며 삽니다. 그렇지만 참된 신앙을 가진 거듭난 신자들은 하나님의 말씀 앞에서 끊임없이 자신의 죄악 된 모습을 직시하고 끊임없이 회개하고 돌이키는 삶을 삽니다.

그리고 거룩한 사랑의 삶을 실천하며 살기 위해 '사랑의 영'이신 성령의 도우심을 애타게, 간절히 사모하며 간구합니다. 그때 성령께서는 우리가 사랑의 삶을 살 수 있도록 도우십니다. 그래서 우리를 '사랑의 사람'으로 계속 변화시켜 가시고 성장시켜 가십니다.

그러므로 성령으로 말미암아 우리 안에 부어진 하나님의 아가페 사랑을 우리 신앙생활과 인생의 최고 목표로 삼읍시다. 날마다 이 아가페 사랑을 삶 속에서 구체적으로 하나씩 실천하며 살기로 결단하고 순간순간 성령의 도우심을 구합시다. 그리고 성령의 도우심으로 무엇보다 가정에서부터 아가페 사랑을 구체적으로 실천합시다. 나아가 우리가 속한 공동체인 교회, 직장과 일터, 사회에서 아가페 사랑을 하나씩 실천합시다.

그때 우리는 '사랑의 사람'이 되어 이웃을 사랑으로 부요하게 하고, 우리가 속한 공동체를 사랑의 공동체로 변화시키며, 무엇보다 하나님을 영화롭게 하게 될 것입니다. 그리하여 하나님께서 기뻐하시는 영원히 의미 있고 가치 있는 복된 신앙생활, 복된 인생을 살게 될 것입니다.

제5장
아가페 사랑의 특성(1)

[고전 13:4] 사랑은 오래 참고 사랑은 온유하며 시기하지 아니하며 …

오늘 우리 시대의 가장 큰 비극이 무엇이라고 생각하십니까?

사랑의 부재(不在)가 아닙니까?

도처에서 사랑을 말하고, 사랑을 노래하지만, 참된 사랑을 찾아보기가 결코 쉽지 않다는 것입니다.

오늘날 우리는 사랑의 홍수 시대를 살아가고 있습니다. 책을 보아도, TV를 틀어도, 유튜브와 영화를 보아도 온통 사랑 이야기입니다. 그러나 이렇게 온갖 사랑의 구호와 외침이 넘쳐나지만 참된 사랑은 찾아보기가 심히 어려운 것이 이 시대의 특징입니다. 마치 홍수가 나서 온 천지에 물이 가득한데도 마실 물이 없는 것과 같습니다. 마찬가지로 천지에 사랑이 넘쳐나서 가득한데도, 참된 사랑은 찾아보기가 심히 어렵습니다.

우리가 사랑을 안다고 말하지만, 실제로 우리는 참된 사랑을 알지 못합니다. 우리가 사랑한다고 말하지만, 우리는 참된 사랑을 실제로 행하지 못합니다. 이것이 오늘 우리 시대의 비극이며, 우리 가정, 직장과 일터, 사회, 심지어 교회의 비극입니다.

그렇다면 우리는 어떻게 이런 비극에서 벗어날 수 있습니까?

'남아프리카의 성자'로 불렸던 앤드류 머레이(Andrew Murray, 1828-1917)는 하나님이 기뻐하시는 사랑의 삶을 살기를 간절히 원했습니다. 그래서 평생토록 매일 아침, 무릎을 꿇고 위대한 '사랑 장'인 고린도전서 13장을 한 번씩 읽었습니다. 그는 하루를 고린도전서 13장을 기도하는 마음으로 읽으면서 시작했습니다.

그리고 하루를 사는 동안 매 순간 그 말씀을 기억하고 성령을 의지하며 사랑의 삶을 살기 위해 부단히 애쓰고 노력했습니다. 그리하여 앤드류 머레이는 하나님이 기뻐하시는 '사랑의 사람'이 되어 날마다 구체적으로 사랑을 실천하며 살 수 있었습니다. 우리도 그렇게 실천해 보면 좋겠습니다.

'사랑 장'인 고린도전서 13장은 먼저 1-3절에서 사랑의 위대성과 탁월성에 대해 말씀합니다.

- 사랑은 방언보다 위대합니다.
- 사랑은 천사의 말보다 위대합니다.
- 사랑은 모든 비밀과 모든 지식을 아는 예언보다 위대합니다.
- 사랑은 산을 옮길 만한 믿음보다 위대합니다.
- 사랑은 자기의 모든 재산을 나눠주는 구제보다 위대합니다.
- 사랑은 자기 몸을 불사르게 내주는 순교보다 위대합니다.

- 사랑은 성령의 모든 은사보다 훨씬 더 탁월합니다.
- 사랑은 모든 사역이나 업적을 훨씬 능가합니다.

> [고전 13:1-3] 내가 **사람의 방언과 천사의 말을 할지라도** 사랑이 없으면 소리 나는 구리와 울리는 꽹과리가 되고 내가 **예언하는 능력이 있어 모든 비밀과 모든 지식을 알고 또 산을 옮길 만한 모든 믿음이 있을지라도** 사랑이 없으면 내가 아무것도 아니요 내가 내게 있는 모든 것으로 **구제하고 또 내 몸을 불사르게 내줄지라도** 사랑이 없으면 내게 아무 유익이 없느니라.

이렇게 '사랑 장'은 사랑의 위대성과 탁월성에 대해 시작한 후 4절부터 7절에서 그리스도인들이 가져야 할 아가페 사랑의 15가지 아름다운 특성(特性)에 대해 말씀합니다.

스코틀랜드의 위대한 설교가 헨리 드러몬드(Henry Drummond, 1851-1897)는 이 15가지 사랑의 아름다운 특성을 가리켜서 '사랑의 스펙트럼'(Spectrum of Love)이라고 불렀습니다. 햇빛이 투명한 프리즘을 통과할 때 빨강, 주황, 노랑, 초록, 파랑, 남색, 보라의 7가지 무지개 빛의 모든 색깔이 나오듯이 하나님의 아가페 사랑의 빛이 비춰면 사랑의 15가지 아름다운 특성이 나타납니다.

아가페 사랑의 이 15가지 아름다운 특성은 바로 우리 주님의 인격과 성품, 삶과 사역 속에서 구체적으로 나타난 사랑의 특성이기도 합니다. 그래서 '사랑' 대신 '주님'이라고 바꿔 불러도 전혀 어색함이 없습니다.

"주님은 오래 참고, 주님은 온유하며, 주님은 시기하지 아니하며 …"

우리가 거룩하신 주님을 닮는 성화(聖化)의 삶은 바로 이 15가지 아가페 사랑의 특성을 닮는 것입니다.

지금부터 본문을 중심으로 참된 사랑의 특성, 아가페 사랑의 스펙트럼에 대해 말씀을 살펴볼 것입니다.

1. 사랑은 오래 참습니다

[고전 13:4] 사랑은 오래 참고 ….

'오래 참음'의 헬라어 '마크로뒤메이'는 헬라어 원문 성경에서 언제나 인간관계에서만 사용된 단어입니다. 사물이나 상황에는 이 단어를 사용하지 않고 '휘포메네이'라는 단어를 사용했습니다. 따라서 '마크로뒤메이'는 다른 사람이 내게 상처를 주고 고통을 주고 손해를 줄 때 참고 견뎌내는 것을 의미합니다. 우리를 해롭게 하고 악하게 구는 사람들에게 분노하거나 복수심을 가지지 않고 끝까지 그 악과 손해를 참아 내는 것입니다.

이렇게 '오래 참는 것'은 우리에게 너무나 큰 고통이고 크나큰 아픔입니다. 그래서 이 '오래 참는다'라는 말을 영어로 'long-suffering'(직역: 긴 고통)으로도 번역합니다. 사람들이 내게 상처를 주고, 고통을 주고, 손해를 끼치고, 악을 행할 때 우리의 본성은 참을 수 없습니다. 억울한 일을 당하면서도 오래 참는다는 것은 견딜 수 없는 고통이고 크나큰 아픔입니다. 그렇지만 아가페 사랑은 오래 참습니다.

그렇다면 우리가 다른 사람들을 도저히 오래 참아 줄 수 없을 때는 어떻게 해야 합니까?

그때는 나를 대하여 오래오래 참아 주시는 하나님의 아가페 사랑을 기억해야 합니다. 그때 우리도 하나님을 본받아 우리에게 상처와 고통을 주고 악을 행하는 자들을 오래오래 참아 줄 수 있습니다. 우리는 하나님의 오래오래 참아 주심으로 말미암아 하나님의 거룩하고 사랑받는 자가 되었기 때문입니다.

성경은 말씀합니다.

[골 3:12] 그러므로 너희는 하나님이 택하사 거룩하고 사랑받는 자처럼 … **오래 참음을 옷 입고**.

우리가 하나님의 마음을 심히 아프게 하고 괴롭게 하며 심한 상처를 주고 악을 행할 때 하나님께서는 심히 고통당하시고 괴로워하시면서도 오래오래 참아 주십니다.

[벧후 3:8-9] 사랑하는 자들아 주께는 하루가 천 년 같고 천 년이 하루 같다는 이 한 가지를 잊지 말라 주의 약속은 어떤 이들이 더디다고 생각하는 것 같이 더딘 것이 아니라 오직 주께서는 너희를 대하여 오래 참으사 아무도 멸망하지 아니하고 다 회개하기에 이르기를 원하시느니라.

절대적으로 거룩하시고 공의로우신 하나님께서 더럽고 추악한 죄인들을 오래오래 참으시는 것은 얼마나 견딜 수 없는 고통이고 크나큰 아픔이겠습니까?

사춘기 자녀들이 방황하며 잘못을 저지르고 죄를 범할 때, 우리 역시 그들과 같은 죄인임에도 그런 그들의 모습을 바라보는 것은 견딜 수 없는 고통이고, 크나큰 아픔입니다.

하물며 절대적으로 거룩하시고 의로우시고 공의로우신 하나님께서 우리 같이 더럽고 추악한 죄인들을 바라보시는 것은 얼마나 견딜 수 없는 고통이고, 크나큰 아픔이겠습니까?

그러나 하나님께서는 우리의 계속되는 허물과 죄악과 실패에도 불구하고 심판하지 않으시고 길이길이 참아 주십니다. 왜냐하면, 우리를 사랑하시기 때문입니다. 사랑은 오래 참습니다. 그러나 이 말이 죄를 용납한다는 의미는 전혀 아닙니다. 사랑은 결코 죄와 악을 용납하지 않습니다. 다만 악을 선으로 바꾸기 위해 기꺼이 희생을 치르고 대가를 지불하면서 오래오래 참고 기다리는 것입니다.

그렇다면 우리는 언제까지 참아야 합니까?

본문에서 성경은 '사랑은 영원히 참고'라고 말씀하지 않습니다. "사랑은 오래 참고"라고 말씀합니다. 우리가 아가페의 사랑으로 오래 참으면 반드시 고통이 지나가고 아픔이 사라지는 순간이 찾아옵니다.

사랑하는 여러분!

어떠한 상황 속에서도 실망하거나 좌절하거나 낙심하지 마십시오. 사랑은 희망찬 내일을 바라보게 만듭니다. 그러기에 오래 참는다는 것은 단순히 괴롭고 고통스러운 일만이 아닙니다. 오래 참는 것은 밝은 내일을 소망하는 것입니다. 더 아름답고 가치 있는 것을 기대하는 것입니다. 그래서 사랑은 오래 참습니다.

2. 사랑은 온유합니다

[고전 13:4] … 사랑은 온유하며 … .

'온유'의 헬라어 '크레스튜에타이'는 '다른 사람들에게 친절과 자비를 베풀면서 선을 행하는 것'을 가리킵니다. 그러므로 '온유'는 '오래 참는 것'보다 훨씬 더 적극적이고 능동적인 의미를 가집니다. '오래 참음'은 내게 상처를 주고 고통을 주고 손해를 끼친 사람들에게 분노하지 않고 그것을 참고 견디는 소극적인 의미입니다. 그런데 '온유'는 한 걸음 더 나아가서 내게 상처를 주고 고통을 주고 손해를 끼친 사람들에게 오히려 친절을 베풀면서 선을 행하는 적극적인 의미입니다.

'온유'의 반대 개념은 '복수' 혹은 '원망'이라고 할 수 있습니다. 우리 인간의 본성은 내게 상처를 주고, 고통을 주고, 손해를 끼친 사람들을 원망하며 복수하고 싶습니다. 그러나 주님의 모습을 본받아 아가페의 사랑을 실천하려고 하는 사람들은 주님처럼 원망하거나 복수하지 않고 오히려 그들을 선대(善待)합니다.

우리 주님의 성품 중에 가장 특징적인 모습이 바로 온유하심입니다. 마태복음 11장 29절에서 주님께서는 자신을 가리켜서 "나는 마음이 온유하고 겸손하다"라고 하셨습니다. 주님께서는 십자가에서 자신을 못 박고 저주하고 조롱하는 원수들을 향해 맞대어 욕하지 않으셨습니다. 저주하거나 위협하지 않으셨습니다. 그들을 충분히 심판하실 수 있는 권리와 능력을 가지고 계셨음에도 불구하고 저주하지 않으시고 심판하지 않으셨습니다. 오히려 원수들에게 친절과 자비를 베푸시면서 용서하셨습니다.

[벧전 2:22-23] 그는 죄를 범하지 아니하시고 그 입에 거짓도 없으시며 욕을 당하시되 맞대어 욕하지 아니하시고 고난을 당하시되 위협하지 아니하시고 오직 공의로 심판하시는 이에게 부탁하시며.

[눅 23:34] … 아버지여 저들을 사하여 주옵소서 자기들이 하는 것을 알지 못함이니이다 ….

이렇게 온유하신 주님께서는 지금도 지속적으로 당신의 온유하심을 우리에게 나타내십니다. 주님께서는 자주 실패하여 넘어지고 쓰러지는 우리지만, 그런 우리를 오래 참아 주시고 불쌍히 여기시며 선대(善待) 하시고 끊임없이 친절과 자비를 베푸십니다. 넘어진 우리를 외면하지 않으시고 곁으로 바짝 다가오셔서 당신의 은혜와 자비의 손으로 우리를 일으켜 세워주십니다. 그리고 다시 새롭게 시작하라고 격려하시고 힘을 주시며 용기를 북돋아 주십니다.

이런 주님의 온유하심을 체험한 사람들은 주님처럼 자신에게 악을 행하고 고통을 주며 손해를 끼친 사람들까지 용서하면서 친절과 자비를 베풀게 됩니다. 스데반이 바로 그러했습니다. 스데반은 자기를 돌로 쳐 죽이는 원수들을 향해 이렇게 하나님께 간절히 기도하며 죽어갔습니다.

"주여, 이 죄를 그들에게 돌리지 마옵소서"(행 7:60).

'사랑의 사도' 손양원 목사님도 그런 온유의 삶을 살았습니다. 손양원 목사님은 자기의 생명보다 더 귀한 두 아들, 동인이와 동신이를 죽인 범인을 용서할 뿐만 아니라 양아들로 삼았습니다. 손양원 목사님의 모습 속에서 우리는 주님의 온유하심을 체험한 사람은 어떻게 해야 하는지를 분명히 볼 수 있습니다.

주님께서는 누가복음 6장 27-28절에서 우리에게 이렇게 명령하십니다.

[눅 6:27-28] … 너희 원수를 **사랑하며** 너희를 미워하는 자를 **선대**[善待]**하며** 너희를 저주하는 자를 위하여 **축복하며** 너희를 모욕하는 자를 위하여 **기도하라**.

사랑하는 성도 여러분!

우리같이 허물 많고 죄 많은 자들이 모든 죄를 용서받고 구원을 얻게 된 것은 전적으로 주님의 온유하심 때문이었습니다. 그리고 지금도 여전히 허물투성이고 부족 함투성이지만, 우리가 여전히 보배롭고 존귀한 하나님의 자녀로 살 수 있는 것 역시 끊임없는 주님의 온유하심 때문입니다. 그러므로 우리도 주님처럼 우리를 미워하고 모욕하고 저주하는 원수까지도 사랑해야 합니다. 그들을 용서하고 선대하고 축복하며 기도해야 합니다.

데이비드 베너(David G. Benner)는 『상한 감정의 치유』(*Healing Emotional Wounds*)에서 이렇게 우리에게 권면합니다.

> 용서를 실행하는 데 있어서 확실하게 도장을 찍는 가장 중요한 방법은 상대방이 잘되도록 소원하는 것이다. 즉, 상대방과 직접 소통하고, 친절과 사랑을 보이면서 행동하고, 축복하며 기도하고, 또 직접 말을 건넨다.
> 그런데 이런 모든 것은 우리 마음에서부터 그가 잘되도록 소원하는 것으로부터 시작된다. 그리고 나서 우리는 이런 용서의 새로운 태도를 가지고 그와 소통할 수 있는 방법을 찾는다. 이것이 용서의 행동에 있어서 확실한 도장을 찍는 날인(捺印)이다.

> 용서는 저주보다는 축복을 주는 것이고, 악을 선으로 갚는 것이다. 용서의 과정은 내게 상처를 준 사람에 대한 악의가 사라지고, 내가 그 사람을 축복하며 기도할 수 있기까지는 아직 완성된 것이 아니다.

이처럼 우리가 용서를 실행하고 용서의 과정을 완성하려면 반드시 상대방을 축복하며 기도해야 합니다. 그리고 주님의 눈으로 그를 보며 주님께서 나를 사랑하신 그 사랑으로 그를 사랑해야 합니다. 이렇게 할 때 우리는 주님을 닮은 온유의 사람이 될 수 있습니다.

그래서 성경은 말씀하십니다.

> [골 3:12] 그러므로 너희는 하나님이 택하사 거룩하고 사랑받는 자처럼 … 온유를 … 옷 입고.

중앙아프리카에서 복음을 전하던 조지 아틀레이(George Atley)라는 젊은 선교사가 있었습니다. 그는 새로운 선교지를 개척하기 위해 선교사의 출입이 전혀 없었던 산악지역의 원주민 부족을 찾아서 들어갔습니다. 그곳 부족은 다른 부족에 비해 포악하고 사납기로 유명했고, 외부와의 교류가 전혀 없었습니다. 그래서 선교사들이 들어가기를 꺼리는 부족 중의 하나였습니다.

아틀레이 선교사는 만약의 사태를 대비하여 영국제 윈체스터 연발 권총을 허리춤에 차고 다녔습니다. 그가 부족이 모여 있는 광장으로 들어서자, 수십 명의 무리가 창과 칼과 몽둥이를 들고 괴성을 지르며 달려들었습니다.

아틀레이 선교사는 일촉즉발(一觸卽發)의 위기를 모면하기 위해 소리를 크게 질렀습니다.

"여러분, 제 말을 들어보세요!"

그러고는 정중한 자세로 만면에 미소를 보이며 말했습니다.

"나는 여러분을 사랑합니다. 여러분에게 예수 그리스도라는 인류의 구세주를 소개하러 왔습니다. 그분은 여러분을 사랑하십니다."

그러나 부족민들은 주저하지 않고 아틀레이 선교사를 창으로 찌르고 몽둥이로 두들겨 팼습니다. 아틀레이 선교사는 몰골을 알아볼 수 없을 정도로 피투성이가 되어 무참히 죽어갔습니다.

그런데 놀라운 사실은 아틀레이 선교사가 죽어갈 때 자신이 지니고 있던 윈체스터 연발 권총의 방아쇠를 끝까지 당기지 않았다는 것입니다. 만약 그가 자기 생명을 구하기 위해 자기를 죽이는 사람들을 쏘았다면 살 수 있었습니다.

그런데도 이 젊은 선교사는 자기를 죽이기 위해 창과 몽둥이를 가지고 달려오는 사람들을 향해 끝까지 총을 쏘지 않았습니다. 손가락 하나로 방아쇠만 한 번 당기면 죽지 않고 살 수 있음에도 불구하고 그렇게 하지 않았습니다. 그 역시 인간이었기에 본능적으로 자기 목숨을 지키고 싶었을 것이고 더 살고 싶었을 것입니다. 그럼에도 그는 끝까지 총을 쏘지 않았습니다. 그것은 그가 원주민들의 영혼을 진정으로 사랑했기 때문입니다.

만약 자기 목숨을 구하기 위해 그들을 향해 방아쇠를 당긴다면 어떻게 되겠습니까?

원주민들에게 복음을 증거한다는 것은 불가능합니다.

자기 부족을 죽인 자가 전하는 예수 그리스도를 누가 믿겠습니까?

그러기에 아틀레이 선교사는 끝까지 방아쇠를 당기지 않았습니다. 총을 허리에 찬 채 개처럼 질질 끌려가 사지를 찢기면서 비참하게 죽임을 당했습니다. 그런데 그가 죽은 후 놀라운 일이 일어났습니다. 그를 죽인 원주민들은 그가 놀라운 총을 지니고 있었고, 탄창에 총알이 열 발이나 들어있었다는 사실을 알게 되었습니다. 그러자 그들은 아틀레이 선교사의 놀라운 사랑을 깨닫고 자신들의 잘못을 알게 되었습니다. 그리하여 온 부족이 회개하고 주님 앞으로 돌아왔습니다.

사랑은 이런 놀라운 역사를 일으킵니다. 사랑은 온유합니다.

3. 사랑은 시기하지 않습니다

[고전 13:4] 사랑은 … 시기하지 아니하며 … .

원래 '시기'의 헬라어 '젤로이'의 뜻은 '부글부글 끓어오른다'라는 뜻입니다. 다른 사람의 성공이나 부유함, 명예, 재능, 달란트, 행복을 보고 속이 편치 못해 부글부글 끓어오르는 강한 질투의 감정이 바로 시기입니다. '시기'는 '질투, 투기(妬忌)'와 바꾸어 쓸 수 있습니다. '시기'는 타락하고 부패한 인간의 본성에 뿌리박고 있는 죄악입니다.

어린아이와 같이 영적으로 미숙한 신자들이었던 고린도 교회 성도들 사이에는 시기와 질투가 난무(亂舞)했습니다. 그들은 끼리끼리 패거리를 만들고 당(黨)을 짓고 분파를 만들어 서로 분쟁하며 교회를 어지럽혔습니다. 이런 고린도 교회 성도들의 시기와 질투의 모습은 모양과 정도에는 차이가 있지만, 어느 시대, 어느 장소, 어떤 사람에게서도 찾아볼 수 있는 인간의 보편적인 죄악입니다.

우리 속담에 "사촌이 땅을 사면 배가 아프다"라는 말이 있습니다. 서양 속담에도 유사한 속담이 있습니다. "내가 실패할 때 나를 동정하는 사람이 한 사람이라면, 내가 성공할 때 나를 시기하는 사람은 백 사람쯤 된다."

이런 속담들은 동서고금(東西古今), 남녀노소(男女老少), 빈부귀천(貧富貴賤)을 불문하고 우리 속에 시기와 질투의 본능이 꿈틀거리고 있다는 것을 여실히 보여 줍니다.

성경에도 시기와 질투의 죄악에 빠져 무서운 범죄를 저지른 수많은 사람을 볼 수 있습니다. 가인이 동생 아벨을 죽인 것은 시기와 질투 때문이었습니다. 요셉의 배다른 형들도 그러했습니다. 그들은 요셉을 시기하여 은 20에 동생을 애굽에 노예로 팔아먹었습니다.

사울왕은 충성스러운 신하였고 사위였던 다윗의 인기가 높아지자 시기와 질투의 마음이 끓어올라 그를 죽이기 위해 십 년이 넘는 오랜 기간 이스라엘 전 국토를 이 잡듯이 뒤지고 다녔습니다.

탕자의 형은 집을 나갔다가 돌아온 동생을 위해 살진 송아지를 잡아 잔치를 베풀고 즐거워하는 아버지의 모습을 보고 질투심으로 속이 뒤집혔습니다. 그래서 그는 밭에서 일을 마친 후 집에 들어오기를 거절하고 대문 바깥에서 불평불만을 터뜨리면서 데모했습니다.

이처럼 시기와 질투는 끈질기게 우리를 따라다닙니다. 그래서 어떤 사람은 이런 이야기를 했습니다.

> 시기는 최후까지 성도의 발꿈치를 따라다니는 시험이다.

우리가 모든 유혹과 시험을 다 이겨내더라도 끈질기게 우리를 따라다니는 시험이 바로 시기, 질투, 투기입니다. 우리가 시기와 질투에 사로잡히면 다른 사람들만 괴롭히는 게 아닙니다. 우리 자신에게도 치명적인 해악(害惡)을 끼칩니다. 그것은 시기와 질투의 배후에 우리를 파멸케 하려는 마귀의 음흉하고 사악한 역사(役事)가 도사리고 있기 때문입니다. 그 사실을 성경은 이렇게 경고합니다.

> [약 3:14-16] 그러나 너희 마음 속에 독한 시기와 다툼이 있으면 자랑하지 말라 … 이러한 지혜는 위로부터 내려온 것이 아니요 땅 위의 것이요 정욕의 것이요 귀신의 것이니 시기와 다툼이 있는 곳에는 혼란과 모든 악한 일이 있음이라.

> [잠 14:30] … 시기는 뼈를 썩게 하느니라.

아일랜드 출신의 유명한 극작가 오스카 와일드(Oscar Wilde, 1854-1900)는 시기심과 질투의 악마성을 비유로 설명하면서 인간을 유혹하는 마귀의 속삭임을 이렇게 묘사합니다.

> 인간들은 시기하게만 만들어 놓으면 손쉽게 우리 손에 들어올 수 있게 되지.

그러기에 우리는 시기의 배후에 마귀의 사악한 역사(役事)가 있음을 기억하고 시기와 질투를 반드시 극복해야 합니다.

그렇다면 우리가 시기와 질투를 극복하기 위해서는 어떻게 해야 합니까?

19세기 말, 영국 런던에 당시 "3대 설교자"라고 불릴 만큼 부흥을 이끈 세 분의 유명한 목사님 계셨습니다.

첫 번째는 그리스도 교회의 목사인 F. B. 마이어(Frederick B. Meyer, 1847-1929) 목사님인데 나중에 '비국교도의 대주교'(The Archbishop of the Free Churches)로 묘사되었던 분으로, 이분만큼 책을 많이 저술한 목사님도 없습니다. 우리나라에도 이분이 저술한 많은 책이 번역되어 나와 있습니다.
두 번째는 기독교 역사상 가장 설교를 잘해서 "설교의 황태자"(Prince of Preachers)라고 불리는 메트로폴리탄 타버너클교회의 찰스 스펄전(Charles H. Spurgeon, 1834-1892) 목사님입니다.
세 번째는 마틴 로이드 존스 목사님의 전임자였던 웨스트민스터 채플의 캠벨 몰간(George Campbell Morgan, 1863-1945) 목사님입니다.

이 세 분 가운데 그리스도 교회의 F. B. 마이어 목사님이 교세(敎勢) 면에서나 일반적인 평가에서나 영향력이 조금은 뒤지고 있었습니다. 그러다 보니 마이어 목사님의 마음속에는 자기도 모르는 사이에 열등의식이 싹트기 시작했습니다.
'나는 스펄전 목사처럼 설교에 인기를 얻지 못하고, 캠벨 몰간 목사처럼 권위 있는 목회도 하지 못하는구나!'
마이어 목사님은 자신을 스펄전 목사님과 캠벨 몰간 목사님과 비교하면서 자꾸 마음속에서 시기심이 일어났습니다. 애써 마음을 진정시키다가도 누군가가 옆에서 두 분 목사님에 대해 칭찬하는 소리를 들으면 마음이 다시 불편해지곤 했습니다. 그래서 하나님께 간절히 기도하기 시작했습니다.

"하나님, 제 마음속에서 이 시기와 질투를 없애 주시옵소서."

그런데 아무리 기도해도 마음속에서 시기와 질투가 사라지지 않았습니다. 그러던 어느 날, 그날도 마이어 목사님이 시기와 질투의 마음을 없애달라고 간절히 기도하는데, 마음속에 번개처럼 스쳐 지나가는 하나님의 음성이 있었습니다.

"너는 기껏해야 시기와 질투를 없애는 것으로 만족을 삼으려고 하느냐?
그 두 사람의 성공을 위해서 기도해 줄 수는 없느냐?
그들과 그들이 섬기는 교회가 잘되도록 축복하는 기도를 해 줄 수는 없느냐?
네 기도를 바꾸어라!
시기와 질투를 없애달라고 기도하지 말고 그들을 축복하며 기도해라!"

마이어 목사님은 하나님의 음성을 듣고 깊이 깨닫게 되었습니다. 그래서 하나님의 말씀에 즉시 순종했습니다.

그때부터 마이어 목사님은 스펄전 목사님과 몰간 목사님의 얼굴이 떠오를 때마다 무조건 그들과 그들이 섬기는 교회를 축복하며 기도했습니다.

> 하나님, 스펄전 목사님과 몰간 목사님의 목회 사역에 큰 복을 내려주시옵소서. 그들이 목회하는 타버너클교회와 웨스트민스터 채플에 복을 내려주셔서 더 크게 부흥하도록 채워 주시옵소서.

마이어 목사님은 진심에서 우러나오는 기도를 하나님께 드렸습니다. 그러자 마음에 평안이 찾아오기 시작했고 기쁨과 자유함이 넘치게 되었습니다. 마침내 마이어 목사님은 시기와 질투를 극복하고, 어느 날 자기 교회의 공개 기도 석상에서 이런 유명한 기도를 드렸습니다.

"하나님, 캠벨 몰간 목사님의 교회를 축복하셔서 사람들이 메워지도록 오게 해 주시옵소서. 그래서 들어올 자리가 없어서 사람들이 남거든 우리 교회에 보내 주시옵소서."

이 세 분은 아주 가까운 친구가 되었고, 이 세 교회는 함께 성장했습니다. 그리고 이 세 분 모두 하나님을 위해 아름답게 사역을 감당했습니다. 하나님께서는 특별히 마이어 목사님에게 좋은 글을 쓰는 재능을 주셔서 좋은 책을 많이 저술하게 하셨습니다. 그래서 지금도 마이어 목사님이 쓴 책은 많은 사람에게 널리 읽히면서 교훈을 주고 있습니다.

이처럼 우리에게 찾아오는 시기와 질투를 극복하는 최선의 비결은 다른 사람들이 잘되도록 기도하고 그들을 축복하며 기도하는 것입니다. 그때 우리의 시기와 질투는 눈 녹듯이 사라지게 될 것이다. 그리고 평안과 기쁨과 자유함을 마음껏 누리게 될 것입니다.

[롬 12:15] 즐거워하는 자들로 함께 즐거워하고 우는 자들로 함께 울라.

아가페의 사랑은 즐거워하는 자들과 함께 즐거워하고 기뻐하는 자들과 함께 기뻐하게 합니다. 슬퍼하는 자들과 함께 슬퍼하게 합니다. 인간적으로는 쉽지 않지만, 다른 사람들이 잘 되고 축복을 받을 때, 마치 내가 잘되고 축복을 받는 것처럼 기뻐하고 즐거워합니다.

무엇보다 우리가 시기와 질투를 극복하기 위해서는 다른 사람들과 나 자신을 비교해서는 안 됩니다. 하나님께서 내게 주신 것들에 대해서는 감사하고, 다른 사람들에게 주신 축복에 대해서는 시기하지 않고 함께 기뻐하는 사랑의 삶을 살아야 합니다. 그렇게 할 때 먼저 윤택해지는 것은 바로 나 자신입니다. 우리의 삶이 참된 평안과 기쁨과 자유함이 있는 풍성한 삶으로 변화됩니다. 사랑은 시기하지 않습니다.

사랑하는 성도 여러분!

사랑은 오래 참습니다. 사랑은 온유합니다. 사랑은 시기하지 않습니다. 이런 아가페 사랑의 모습이 주님께서 끊임없이 나를 대해주시는 모습입니다. 내가 언제나 주님께 받는 대우입니다. 주님께서는 언제나 나를 대하여 오래오래 참아 주시고 언제나 온유하십니다. 그러기에 우리는 주님께 말할 수 없는 사랑의 빚을 지고 있습니다.

그렇다면 저와 여러분의 삶은 어떠해야 합니까?

주님께 큰 사랑의 빚을 지고 있는 우리도 주님의 모습을 본받아 아가페의 사랑으로 서로 사랑하며 살아야 합니다. 우리가 예수 그리스도를 구주와 주님으로 믿고 거듭난 순간, 성령께서는 우리 마음에 하나님의 아가페 사랑을 부어주셨습니다(롬 5:5).

그러므로 우리가 성령을 철저히 의지하고 성령께 우리 자신을 내어드릴 때 우리 안에 있는 하나님의 아가페 사랑으로 우리도 다른 사람들을 사랑할 수 있습니다. 그리하여 도저히 참아줄 수 없는 사람들도 오래 참아줍니다. 분노하고 복수하고 싶은 사람들도 온유함으로 대합니다. 시기와 질투의 마음이 일어날 때마다 오히려 축복합니다.

사랑은 오래 참습니다. 사랑은 온유합니다. 사랑은 시기하지 않습니다.

— 제6장 —
아가페 사랑의 특성(2)

> [고전 13:4중-5상] 사랑은 자랑하지 아니하며 교만하지 아니하며 무례히 행하지 아니하며 ….

햇빛이 투명한 프리즘을 통과하면 빨주노초파남보 무지개의 아름답고 황홀한 일곱 가지 색깔이 나옵니다. 마찬가지로 주님의 사랑의 빛이 우리에게 비춰면 아가페 사랑의 아름다운 특성 15가지가 나타납니다. 아가페 사랑의 15가지 특성이 바로 '사랑의 스펙트럼'(Spectrum of Love)입니다. 사랑의 15가지 특성은 주님의 인격과 성품, 삶과 사역 속에서 구체적으로 나타난 특성입니다.

지난주 우리는 아가페 사랑의 아름다운 특성 15가지 가운데서 세 가지를 살펴보았습니다.

오늘도 아가페 사랑의 특성 세 가지를 살펴보겠습니다.

1. 사랑은 자랑하지 않습니다

> [고전 13:4] … 사랑은 자랑하지 아니하며 ….

"자랑"의 헬라어 '페르페류에타이'라는 단어는 '허풍선'(虛風扇)을 의미하는 헬라어 '페르페로스'에서 유래한 말로 '과장하다'라는 뜻입니다. 따라서 "자랑"은 '자기의 헛된 영광을 드러내면서 뽐내는 것'을 의미합니다. 자랑은 자기를 높이고자 하는 마음에서부터 비롯되어 우리의 말과 행동으로 나타납니다. 초대 교회 교부(敎父)였던 알렉산드리아의 클레멘트(Alexandrian Clement, 150-215)는 이 단어가 "겉치장과 쓸모없는 것으로 외모를 꾸미는 것"을 의미한다고 했습니다.

자기를 꾸미면서 자랑했던 대표적인 사람들이 바로 주님으로부터 '외식하는 자'라는 엄한 책망을 들었던 '서기관들과 바리새인들'입니다. 서기관들과 바리새인들은 사람에게 보이려고 사람들 앞에서 의를 행했습니다(마 6:1). 그들은 구제할 때 사람들에게 영광을 얻으려고 회당과 거리에서 나팔을 불며 구제했습니다(마 6:2).

기도할 때도 사람들에게 보이려고 회당과 큰 거리 어귀에 서서 기도했습니다(마 6:5). 금식할 때도 사람에게 보이려고 얼굴을 흉하게 하고 슬픈 기색을 내었습니다(마 6:16). 이렇게 서기관들과 바리새인들은 구제, 기도, 금식을 포함하여 자기들의 모든 경건 행위를 사람들에게 자랑하기 위해서 사람들이 볼 수 있도록 공개적으로 행했습니다.

고린도 교회 성도들 가운데도 그런 사람이 많았습니다. 고린도 교회 성도들은 부족함이 없을 정도로 모든 은사를 풍성히 받았지만(고전 1:7), 그 은사 때문에 많은 문제가 발생했습니다. 그들은 다른 사람들에게 자랑하기 위해 은사를 구했고, 또 자기들이 받은 은사를 과시하며 자랑했습니다.

그들은 특히 방언이나 방언 통역, 예언의 은사 등과 같이 사람들의 눈에 잘 띄는 은사를 높게 평가하면서 과도하게 추구했습니다. 그리고 그렇게 눈에 잘 띄는 은사를 받은 성도들은 우월감에 사로잡혀 그렇지 못한 성도들을 멸시했습니다. 사도 바울은 이렇게 은사까지 자랑하는 그들을 엄하게 책망합니다.

[고전 4:7] 누가 너를 남달리 구별하였느냐 네게 있는 것 중에 받지 아니한 것이 무엇이냐 네가 받았은즉 어찌하여 받지 아니한 것 같이 자랑하느냐.

오늘날에도 자기의 헛된 영광을 드러내고 뽐내면서 사는 사람들이 우리 주위에 참으로 많이 있습니다. 교회 안에서도 예외가 아닙니다. 서기관들과 바리새인들처럼 구제, 기도, 금식 등의 경건 행위를 자랑합니다. 그런데 그런 신앙적인 경건 행위만을 자랑하는 게 아닙니다. 심지어 잠시 있다 지나가는 헛되고 헛된 세상 것들까지 자랑합니다.

그래서 돈을 자랑하고 재산을 자랑합니다. 힘을 자랑하고 용기를 자랑하고 용맹함을 자랑합니다. 건강을 자랑하고 외모를 자랑하고 업적을 자랑합니다. 학벌을 자랑하고 명예를 자랑하고 뒷배경을 자랑합니다. 자식을 자랑하고 손주를 자랑합니다.

얼마 전에 강남에서 목회하는 어느 목사님과 함께 이야기를 나눈 적이 있습니다. 강남에 있는 교회에서 신앙생활하는 사람들의 주된 관심은 자녀들을 SKY 대학(서울대, 연대, 고대)에 입학시키는 것이라고 합니다. 그래서 자녀를 SKY 대학에 보낸 부모들은 어깨에 힘을 주며 자식 자랑을 하는데, 그렇지 못한 부모들은 어깨가 축 처져서 자식 이야기는 입도 뻥끗하지 못하는 일이 다반사(茶飯事)라고 합니다.

이것은 교회의 머리이신 주님께서 원하시는 교회의 모습이나 그리스도인들의 모습이 결코 아닙니다. 그것은 참된 사랑에서 나오는 모습이 아니라 이기적인 자기 사랑에서부터 나오는 심히 타락한 모습입니다. 참된 사랑은 자기를 자랑하지 않습니다. 자기가 소유한 것이나 자기가 이룬 것을 자랑하지 않습니다. 오직 하나님을 자랑하고 하나님 아는 것을 자랑합니다. 예수 그리스도와 그분의 십자가만을 자랑합니다. 하나님의 사랑과 주님의 은혜만을 자랑합니다.

성경은 이 사실을 얼마나 강조하고, 또 강조하십니까?

> [렘 9:23-24] 여호와께서 이와 같이 말씀하시되 **지혜로운 자는 그의 지혜를 자랑하지 말라 용사는 그의 용맹을 자랑하지 말라 부자는 그의 부함을 자랑하지 말라** 자랑하는 자는 이것으로 자랑할지니 곧 명철하여 나를 아는 것과 나 여호와는 사랑과 정의와 공의를 땅에 행하는 자인 줄 깨닫는 것이라 나는 이 일을 기뻐하노라 여호와의 말씀이니라.

> [시 34:2] [다윗] 내 영혼이 여호와를 자랑하리니 곤고[困苦]한 자들이 이를 듣고 **기뻐하리로다.**

왜 우리 영혼, 우리 전인격과 전 존재가 하나님을 자랑할 때 고통 가운데 있는 곤고한 사람들이 이것을 듣고 기뻐합니까?

우리가 우리 자신이나 우리 소유, 업적, 선한 행위, 자식 등을 자랑하면 그렇지 못한 사람들은 마음이 불편해지고 더욱 좌절하게 됩니다. 그런데 그런 세상 것들을 자랑하지 않고 오직 하나님을 자랑합니다. 그러면 곤고한 사람들은 이것을 듣고 힘을 얻으면서 기뻐하게 됩니다. 그래서 다윗은 "내 영혼이 여호와를 자랑하리라"라고 고백하는 것입니다.

[고후 10:17-18] 자랑하는 자는 주 안에서 자랑할지니라 옳다 인정함을 받는 자는 자기를 칭찬하는 자가 아니요 오직 주께서 칭찬하시는 자니라.

"자랑하는 자는 주 안에서 자랑하라"라는 말의 의미가 무엇입니까?
주님을 자랑하고 그분이 베푸신 은혜를 자랑하라는 의미입니다.
이런 이야기가 있습니다.

연못가에 살고 있던 개구리 중에 한 마리가 하늘에 날아다니는 새들을 바라보며 부러워하기 시작했습니다. 그래서 어느 날 그 개구리는 새에게 부탁했습니다.
"야, 새야, 저기 나뭇가지가 하나 있는데 그 끝을 네 입으로 물고, 나는 나머지 끝을 물 테니까 내가 하늘을 날 수 있게 좀 해 줘."
이렇게 해서 그 개구리는 드디어 하늘을 날 수 있게 되었습니다. 그러자 이 광경을 보고 있던 연못가의 많은 개구리가 부러움과 선망의 눈초리로 하늘을 날고 있는 개구리를 쳐다보면서 물었습니다.
"야, 너에게 그런 기발한 생각은 누가 준거니?"
그러자 그 개구리는 자기를 자랑하고 싶어서 견딜 수가 없었습니다.

"내가 했지!"

개구리는 큰소리로 대답했습니다.

그 순간 개구리는 물고 있던 나뭇가지를 놓치고 높은 하늘에서 땅으로 떨어지는 바람에 배가 터져 죽었습니다.

이것이 그 개구리의 최후였습니다. 우리가 자기를 자랑하는 순간 아무리 아름답고 위대한 일을 했다 할지라도 하나님 앞에서 다 끝장이 나고 맙니다. 그것은 전혀 쓸모없는 허탄한 자랑이고 다 악한 것입니다.

> [약 4:16] 이제도 너희가 **허탄한 자랑을 하니 그러한 자랑은 다 악한 것이라**.

오늘 우리 시대는 그 어느 시대보다 돈과 재물을 집요하게 추구하는 시대입니다. 그러나 성경은 자기 재물을 의지하고 자랑하는 자들을 향해 그들이 의지하고 자랑하는 재물이 자신을 구원하지 못한다고 엄히 경고합니다.

> [시 49:6-7, 새번역] 그들은 **자기들의 돈을 믿고 사는 사람들이며, 자기들의 재물을 자랑하는 사람들입니다 사람은 자신의 목숨을 돈 주고 살 수 없으며, 하나님께 목숨을 사겠다고 돈을 낼 수도 없습니다**.

심지어 하나님께서는 모든 자랑하는 혀를 끊으신다고 경고하십니다.

> [시 12:3] [다윗] **여호와께서 모든 아첨하는 입술과** [모든] **자랑하는 혀를 끊으시리니**.

제6장 아가페 사랑의 특성(2)

그러므로 하나님의 사랑을 체험한 우리는 자신을 자랑하지 말아야 합니다. 우리가 가진 것과 행한 것 그리고 우리가 이룬 것을 자랑하지 말아야 합니다. 오히려 우리가 그렇게 할 수 있도록 은혜를 베푸신 하나님을 자랑해야 하고 그분의 은혜를 자랑해야 합니다.

왜냐하면, 그 모든 것은 하나님께서 우리에게 '은혜의 선물'로 주신 것들이기 때문입니다. 따라서 그 모든 영광을 하나님께 돌려야 하고, 오직 하나님만을 자랑해야 합니다. 우리 자신은 무익한 종임을 고백하고, 오직 하나님만을 높여야 합니다.

[눅 17:10] 이와 같이 너희도 명령 받은 것을 다 행한 후에 이르기를 우리는 무익한 종이라 우리가 하여야 할 일을 한 것뿐이라 할지니라.

이 점에 있어서 우리의 본보기가 되는 대표적인 사람이 있습니다. 바로 사도 바울입니다. 우리는 사도 바울과 같이 오직 우리 주 예수 그리스도와 그분의 십자가만을 자랑해야 합니다. 사도 바울은 그 누구보다도 자랑할 것이 많은 사람이었습니다. 그는 이스라엘 족속이요, 베냐민 지파요, 히브리인 중의 히브리인이요, 율법으로는 바리새인이요, 당시 최고 학부였던 가말리엘 문하(門下)에서 교육을 받은 최고의 지성인이었습니다.

종교적인 열심으로는 그를 따라갈 자가 아무도 없었고, 율법의 의로는 흠이 없는 사람이었습니다. 또 바울은 그 당시 모든 사람이 흠모했던 로마 시민권을 가지고 있었습니다. 이렇게 인간적으로 자랑할 것이 많은 바울이었지만 주님의 놀라운 사랑을 체험한 후 이 모든 자랑거리를 오히려 해로 여기고 배설물(동물의 똥)로 여겼습니다. 오직 그리스도의 십자가만을 자랑했습니다.

> [갈 6:14] 그러나 내게는 우리 주 예수 그리스도의 십자가 외에 결코 자랑할 것이 없으니 그리스도로 말미암아 세상이 나를 대하여 십자가에 못 박히고 내가 또한 세상을 대하여 그러하니라.

여기 예수 그리스도와 그분의 십자가만을 자랑하는 한 사람의 이야기가 있습니다.

100여 년 전, 기차에 탄 한 프랑스 대학생이 농민처럼 보이는 노인의 옆자리에 앉게 되었습니다. 그 노인은 종교를 가지고 있었는지 기도문을 중얼거렸습니다. 그 모습을 본 대학생은 노인을 다그쳤습니다.

"이런 시대에 이렇게 뒤떨어진 것을 믿습니까?"

그러자 노인은 이렇게 대답합니다.

"그렇습니다. 당신은 믿지 않지만 저는 믿습니다."

학생은 우쭐하며 답합니다.

"저는 이런 우매한 것을 믿지 않습니다. 과학적으로 해석해 드리죠."

이에 노인은 이렇게 대답했습니다.

"저는 과학을 잘 모르니 당신이 나에게 도움을 주면 좋겠군요."

그러자 대학생은 거만하고 자랑하는 태도로 대답합니다.

"주소를 남겨 주면, 책을 보내드릴 테니 스스로 보세요."

노인이 주소가 적힌 명함 한 장을 건네는 순간, 학생의 얼굴이 빨개지고 입은 얼어붙고 말았습니다. 그 노인은 박테리아를 연구하여 광견병과 디프테리아, 탄저병 등의 백신을 개발한 당대 최고의 과학자요, '현대 미생물학의 아버지'와 '면역학의 아버지'로 널리 칭송받는 루이 파스퇴르(Louis Pasteur, 1822-1895)였습니다.

파스퇴르는 십자가의 도(道)가 하나님의 능력임을 알았기에 임종 시에도 겸허하게 한 손은 아내의 손을, 다른 한 손은 예수 그리스도의 십자가를 꼭 쥔 채 세상을 떠났다고 합니다.

이렇게 참된 사랑, 아가페 사랑은 자기를 자랑하지 않습니다. 오직 하나님만을 자랑합니다. 예수 그리스도와 그분의 십자가만을 자랑합니다. 하나님의 사랑과 은혜만을 자랑합니다. 사랑은 자랑하지 않습니다.

2. 사랑은 교만하지 않습니다

[고전 13:4] … [사랑은] … 교만하지 아니하며.

'교만'의 헬라어 '퓌시우타이'는 원래 '부풀게 하다'라는 뜻입니다. 따라서 교만은 '자만심으로 부풀어 올라 우쭐거리는 것'을 의미합니다. 교만은 자기 자신을 추켜올리는 것이기에 자기 자랑과 긴밀하게 연결되어 있습니다. 자기 자랑이 지나치다 보면 교만이 되고 맙니다. 예수 믿는 데 있어서 가장 큰 걸림돌이 바로 교만입니다. 교만이야말로 우리 믿음이 자라지 못하도록 만들고, 우리 믿음을 병들게 하는 무서운 '영적 바이러스'와 '영적 독소(毒素)'입니다.

고린도 교회 성도들은 얼마나 교만했는지 모릅니다. 고린도 교회 성도들처럼 육신에 속한 어린아이와 같은 미숙한 신자들일수록 교만한 모습이 두

드러지게 나타납니다. 사도 바울은 고린도전서 여러 곳에서 고린도 교회 성도들의 교만을 책망합니다(고전 4:6, 18-20; 5:2; 8:1).

> [고전 4:18-20] 어떤 이들은 내가 너희에게 나아가지 아니할 것 같이 **스스로 교만하여졌으나** 주께서 허락하시면 내가 너희에게 속히 나아가서 **교만한 자들의 말이 아니라 오직 그 능력을 알아보겠으니** 하나님의 나라는 말에 있지 아니하고 오직 능력에 있음이라.

우리 조상 아담이 범죄하여 타락할 때부터 교만은 인간이 빠지기가 너무나 쉬운 함정이었습니다. 범죄하여 타락한 모든 인간 안에는 누구나 예외 없이 교만의 뿌리가 마음속에 깊이 자리 잡고 있습니다. 그래서 인간은 일평생 동안 교만의 끈질긴 죄악 가운데 살 수밖에 없습니다.

성 어거스틴(St. Augustinus, 354-430)은 말합니다.

> 우리 인생이 제일 먼저 정복당해 버린 것이 있다면 그것은 교만에 의해 정복당한 것이다. 그리고 우리 인생이 마지막으로 예수 안에서 정복해야 할 것이 있다면 그것도 교만이다.

교만은 두 종류의 모습으로 나타납니다.

첫째, 우월감과 오만함과 거만함, 자만심으로 나타납니다.
둘째, 열등의식으로 나타납니다. 열등의식에 사로잡혀 있는 사람은 교만과는 상관없는 것 같지만 실상 그 사람 안에도 교만이 깊이 뿌리 박혀 있습니다. 교만의 본질을 알면 우리는 열등의식도 교만의 일종인 것을 알 수 있습니다.

교만이 무엇인지를 알기 위해서는 먼저 겸손이 무엇인질를 알아야 합니다.
겸손이 무엇입니까?
겸손의 중요한 특징이 있습니다. 겸손은 자기 자신이나 자기 자원(資源), 즉 자신이 소유하고 있고 이룬 것을 의지하지 않고 자랑하지 않습니다. 오직 주님과 그분의 은혜만을 의지하고 자랑합니다. 이처럼 겸손은 자신에게 초점을 맞추지 않고 하나님께 초점을 맞춥니다. 그래서 겸손은 하나님께서 가장 기뻐하시는 덕목(德目)입니다. 겸손한 사람은 자기 있는 모습 그대로를 받아들이기에 자신의 장점뿐만 아니라 심지어 단점까지도 그대로 받아들입니다. 그리고 그 단점을 지혜롭고 신중하게 다른 사람들 앞에서 오픈하며 나눕니다.

반면에 교만은 주님과 그분의 은혜를 의지하지 않고 자랑하지 않습니다. 자기 자신과 자기 자원, 즉 자기가 소유하고 이룬 것을 의지하고 자랑합니다. 이처럼 교만은 하나님께 초점을 맞추지 않고 자기에게 초점을 맞춥니다. 그러기에 교만은 하나님께서 가장 미워하시고 가장 싫어하시는 범죄입니다.

교만한 사람은 자기 있는 모습 그대로를 받아들이지 못합니다. 그래서 자기의 장점은 노골적으로 또는 은근히 자랑하지만, 단점은 그대로 받아들이지 못하기에 자기의 단점은 가능한 한 다른 사람들 앞에서 오픈하지 않고 나누지 않습니다. 교만은 하나님께서 가장 미워하시는 심각한 죄악이기에 신실한 믿음의 선배들은 교만에 대해 엄중히 경고합니다.

이와 관련해 영국의 유명한 평신도 신학자 C. S. 루이스(C. S. Lewis, 1898-1963)는 다음과 같이 말하고 있습니다.

> 교만은 영적으로 가장 핵심적이고 궁극적인 악이다. 그러므로 교만은 인간이 범할 수 있는 죄 가운데 가장 무서운 죄다. … 교만은 '영적인 암'이다.

설교의 황태자 찰스 스펄전(Charles H. Spurgeon) 목사님 역시 같은 설명을 합니다.

> 하나님이 다른 죄는 손가락으로 다루시지만 교만은 팔을 걷어붙이고 다루신다. 탐심에 대해서는 무서운 심판을 내리시지만, 교만에 대해서는 열 배나 더 무거운 심판을 내리신다.

중세의 유명한 신학자 토마스 아퀴나스(Thomas Aquinas)는 이렇게 말했습니다.

> 교만은 모든 죄악의 어머니다.

왜냐하면, 다른 모든 죄악이 교만으로부터 나오고, 교만의 자식들이기 때문입니다. 교만이 질투를 낳고, 교만이 분노를 낳고, 교만이 탐심을 낳습니다. 그리고 교만은 주님을 믿지 못하게 만드는 불신앙을 낳습니다. 교만한 자는 자신과 자기 자원을 믿고 살기에 하나님의 은혜와 긍휼을 구하지 않고 예수 그리스도도 믿지 않습니다.

또 교만은 우리 믿음이 자라지 못하게 만들고 믿음을 병들게 만들어서 우리 영혼에 치명적인 해악을 끼칩니다. 『주님은 나의 최고봉』(*My Utmost for His Highest,* CLC 刊)으로 유명한 오스왈드 챔버스(Oswald Chambers, 1874-1917)는 교만에 대해 이렇게 경고합니다.

영적인 삶에서 최악의 저주는 교만이다.

잠언 6장에는 하나님께서 미워하시고 마음에 싫어하시는 것 예닐곱 가지가 나옵니다. 그런데 그중에서 제일 먼저 나오는 것이 바로 "교만한 눈"입니다.

[잠 6:16-19] 여호와께서 미워하시는 것 곧 그의 마음에 싫어하시는 것이 예닐곱 가지이니 곧 **교만한 눈**과 거짓된 혀와 무죄한 자의 피를 흘리는 손과 악한 계교를 꾀하는 마음과 빨리 악으로 달려가는 발과 거짓을 말하는 망령된 증인과 및 형제 사이를 이간하는 자이니라.

이렇게 교만은 하나님께서 미워하시고 마음에 싫어하시는 죄 가운데 첫째이기에 하나님은 반드시 교만한 자를 대적하십니다.

[벧전 5:5] … **하나님은 교만한 자를 대적하시되** 겸손한 자들에게는 은혜를 주시느니라.

왜 하나님께서는 이렇게 교만을 미워하시고 싫어하시면서 대적하실까요?

교만의 원조(元祖)가 누굽니까?

교만은 하나님을 최초로 대적했던 마귀의 본성입니다. 마귀는 교만으로 하나님과 같이 되려고 하다가 영원히 타락하여 추악한 '악의 화신'(化身)이 되고 말았습니다.

그러나 하나님의 본체(本體)이신 예수님은 하나님과 동등 됨을 취하지 않으시고 오히려 겸손히 자신을 비어 종의 형체를 가지셨습니다. 하나님께서는 그런 겸손한 예수님을 지극히 높여 모든 이름 위에 뛰어난 이름을 주셨고, 모든 무릎으로 예수님 앞에 꿇게 하셨습니다(빌 2:6-11).

우리가 겸손하면 할수록 예수님을 닮게 되고, 교만하면 할수록 마귀를 닮게 됩니다. 겸손은 이렇게 매우 중요한 덕목이기에 신실한 믿음의 선배들은 교만에 대해 엄중히 경고하고 겸손에 대해서는 적극적으로 권면하고 강조합니다.

18세기 미국의 제1자 대각성운동(The First Great Awakening)의 지도자였던 조나단 에드워즈(Jonathan Edwards, 1703-1758)의 『신앙 감정론』(*The Religious Affections*)이라는 유명한 책이 있습니다.

그 책에서 조나단 에드워즈는 참된 신앙과 거짓된 신앙을 구별할 수 있는 확실한 정서의 표지(標識) 12가지를 제시합니다. 즉, 예수 그리스도를 믿고 변화된 사람에게는 12가지의 '은혜롭고 신령하고 거룩한 정서(신앙 감정)의 표지'가 나타난다는 것입니다.

그가 말한 참된 신앙을 분명히 보여 주는 12가지 확실한 정서의 표지, 즉 은혜롭고 신령한 신앙 감정은 다음과 같습니다.

① 마음에 끼친 신령하고 초자연적이고 신적인 영향과 작용에 기인합니다.
② 가장 중요한 객관적 토대는 신적인 일들 자체에 있는 무한히 탁월하고 사랑스러운 본질입니다.
③ 신적인 일들에 있는 도덕적 탁월성의 달콤함과 아름다움에서 비롯됩니다.
④ 신적인 일들을 영적으로 바르게 깨닫고 이해할 때 나옵니다.
⑤ 신적인 일들의 실재성과 확실성에 대한 영적인 확신을 수반하게 됩니다.
⑥ 참된 겸손을 수반하게 됩니다.
⑦ 본성의 변화를 수반하게 됩니다.
⑧ 그리스도의 성품을 나타냅니다.
⑨ 마음을 부드럽고 온유하게 하고 죄에 더욱 민감하게 합니다.
⑩ 아름다운 조화와 균형을 이룹니다.
⑪ 참되고 은혜로운 감정을 깊이 경험할수록 이에 대한 갈망이 더해 갑니다.
⑫ 항상 거룩한 삶의 열매를 맺습니다.

그런데 조나단 에드워즈는 위의 12가지 확실한 표지 가운데서 특히 여섯 번째 표지인 "참된 겸손"을 다음과 같이 강조합니다.

> 참된 겸손이야말로 거룩한 정서의 진정한 표지(標識)다.

그는 구원의 은혜를 받은 영혼의 본질적 특성 중 겸손만 한 것이 없다고 강조하면서 겸손을 모르는 사람은 대부분 구원의 은혜가 없는 사람이라고 보아도 무방하다고 말합니다(시 34:18; 51:17; 138:6; 잠 3:34; 사 57:15; 66:1-2; 미 6:8; 마 5:3; 18:3-4).

또 조나단 에드워즈는 『성령의 역사 분별 방법』(*The Distinguishing Marks of A Work of the Spirit of God*)에서 마귀의 영(靈)과 가장 반대되는 성령의 특징으로서 사랑과 겸손을 제시하며 다음과 같이 말했습니다.

> 사랑은 성령의 역사를 분별할 수 있게 하는 가장 중요한 표지(標識)다. 성령은 사람들을 하나님 사랑과 사람 사랑으로 이끈다. 사랑과 겸손은 마귀의 영(靈)과 가장 반대되는 성령의 특징이다.

성 어거스틴은 어느 날 제자에게 다음과 같은 질문을 받았습니다.
"선생님, 우리 그리스도인이 가져야 할 가장 중요한 덕목(德目) 세 가지가 무엇입니까?"

그때 어거스틴은 이렇게 대답했습니다.
"첫째도 겸손이요, 둘째도 겸손이요, 셋째도 겸손이다."

종교개혁자 마틴 루터(Martin Luther, 1483-1546) 또한 겸손에 대해 다음과 같이 말했습니다.

> 천국은 겸손이라는 무릎을 꿇고 가는 곳이다.

왜 그렇습니까?

겸손한 자만이 자신이 전혀 소망 없는 죄인인 것을 깊이 깨닫고, 오직 하나님의 은혜와 긍휼만을 의지하면서 예수 그리스도를 자기의 구주와 주님으로 영접할 수 있기 때문입니다.

앗시시의 성자 프란시스(St. Francis of Assisi, 1181-1226)에게 어느 날 제자가 물었습니다.

"선생님, 어떤 사람이 교만한 사람입니까?"

그때 프란시스는 이렇게 대답했습니다.

"자신이 겸손하다고 생각하는 사람이 바로 교만한 사람이다."

제자가 또 묻습니다.

"선생님, 그렇다면 어떻게 해야 겸손한 삶을 살 수 있습니까?"

그때 프란시스는 이렇게 대답을 했습니다.

"하나님을 한 번 진실하게 쳐다보게나. 그러면 인간은 결코 교만할 수가 없네."

'남아프리카의 성자'라고 불렸던 앤드류 머레이(Andrew Murray, 1828-1917) 역시 같은 고백을 했습니다.

> 자신이 겸손하다고 생각하는 그 순간, 그 사람은 이미 겸손을 잃어버린 것이다. 하나님 앞에서 얼마나 겸손한지는 우리가 사람들 앞에서 얼마나 겸손한지로 가장 잘 측정된다.

성 프란시스에 대한 다음과 같은 일화(逸話)가 있습니다.

프란시스의 제자가 어느 날 환상 중에 하늘나라와 그곳에 비어 있는 높고 찬란한 보좌를 보았습니다. 그는 그 보좌가 너무도 높고 찬란해서 누구의 보좌인지 몹시 궁금했습니다. 그래서 그곳에 있는 천사들에게 그 보좌의 소유주가 누구냐고 물었습니다. 그러자 천사들은 그 보좌의 주인은 다름이 아닌 겸손한 프란시스라고 대답했습니다.

환상에서 깨어난 제자는 스승이 너무도 겸손하기에 하늘나라의 높고 찬란한 보좌를 소유하게 된다는 말에 질투가 생겨 정말 스승이 겸손한지를 시험해 보기로 했습니다.

"선생님, 선생님은 자신을 어떤 사람이라고 생각하십니까?"

"나는 세상에서 제일 악한 사람이지."

프란시스의 이야기를 듣자, 제자가 흥분해서 말합니다.

"선생님, 그건 위선이고 거짓말입니다. 사람들은 선생님을 성자(聖者)라고 부릅니다.

이 세상에는 강도나 살인자나 나쁜 사람이 얼마나 많은데 선생님은 자신이 세상에서 제일 악한 사람이라고 말씀하십니까?"

그러자 프란시스가 대답했습니다.

"아니네. 그건 자네가 몰라서 하는 소리네. 하나님께서는 나에게 참으로 많은 은혜를 주셨다네. 만약 하나님께서 다른 사람들에게도 내게 주셨던 은혜를 주셨다면, 그래서 그 사람들도 그 은혜를 깨닫기만 한다면 지금 나보다 훨씬 더 좋은 사람이 되었을 거라네."

그 이야기를 들은 제자는 아무 말도 못 한 채 고개만 끄덕였습니다.

겸손에 대해 일본의 유명한 신학자 우찌무라 간조(1861-1930)는 다음과 같이 말합니다.

> (하나님) 아버지께서 주시는 최대의 선물은 겸손한 마음과 요구하지 않는 마음이다.

이처럼 아가페 사랑은 교만하지 않습니다. 하나님의 사랑, 아가페의 사랑이 임하는 곳에는 교만이 물러갑니다. 하나님의 사랑을 체험한 사람은 그 사랑에 녹아져서 겸손하신 주님을 본받게 됩니다. 그래서 자기보다 남을 낮게 여기고, 자기를 높이기보다 주님을 높이고 다른 사람들을 높입니다. 사랑은 교만하지 않습니다.

3. 사랑은 무례(無禮)히 행하지 않습니다

[고전 13:5] (사랑은) 무례히 행하지 아니하며 ….

"무례"(無禮)의 헬라어 '아스케모네이'는 원래 '맵시가 없음'이라는 의미를 가지고 있습니다. 따라서 '무례'라는 단어는 '교양이 없다, 오만불손(傲慢不遜)하다, 예(禮)를 갖추지 않는다'라는 뜻입니다. '무례'는 '공적인 상황에서 질서를 깨뜨리고 예의가 없이 행동함으로 인하여 태도의 아름다움이 깨어진 상태'를 가리킵니다.

그러나 참된 사랑이 있는 곳에는 버릇없이 굴고 거칠고 무례한 태도가 존재할 수 없습니다. 참된 사랑은 바른 마음과 바른 몸가짐과 정중한 태도와 품위 있는 행동으로 표현되기 때문입니다. 따라서 거칠고 경박하고 천박하게 구는 무례는 이기심에 뿌리를 둔 것으로 사랑과는 거리가 아주 멉니다.

사랑이 없음과 자기를 먼저 생각하고 자기 유익을 먼저 추구하는 이기심이 있는 곳에서는 무례해집니다. 그래서 질서가 깨어집니다. 태도의 아름다움이 무너집니다. 말과 행동이 거칠고 경박스럽고 천박해집니다.

신약성경에 나오는 초대 교회 성도들 가운데 고린도 교회 성도들 만큼 무례한 성도들은 없었습니다. 초대 교회에는 오늘날과는 달리 성찬을 '애찬'(愛餐, love feast)으로 불리는 성도들의 식사와 겸하여 행했습니다. 성도들이 각자 먹을 것을 집에서 가지고 와서 함께 먹으며 '식탁 교제'를 나눕니다. 그리고 식사하는 중간과 식사 후에 빵과 포도주를 돌려서 성찬식을 거행(擧行)했습니다.

그런데 고린도 교회 성도들 가운데 어떤 사람들은 애찬과 성찬에 참여할 때 그리스도인의 아름다운 교제를 나누고, 주님의 보혈을 묵상하기보다 먹고 마시는 데 더 관심이 있었습니다. 그들은 모임이 시작되기 전에 와서 먼저 먹었습니다. 그래서 나중에 오는 성도들은 '식탁 교제'에 참여할 수 없게 되었습니다.

이 사실을 알게 된 바울은 다음과 같이 그들에게 강하게 권면합니다.

[고전 11:33-34] 그런즉 내 형제들아 **먹으러 모일 때에 서로 기다리라 만일 누구든지 시장하거든 집에서 먹을지니** 이는 너희의 모임이 판단['크리마': 심판, 판결, judgement, NIV] 받는 모임이 되지 않게 하려 함이라 ….

심지어 고린도 교회 성도들은 주님의 거룩한 성찬에 참여할 때도 주님의 보혈을 묵상하기보다 자기들의 배를 채우고 포도주를 즐기는 데 더 관심이 있었습니다. 그래서 바울은 다음과 같이 엄하게 경고합니다.

[고전 11:29] 주의 몸을 분별하지 못하고 먹고 마시는 자는 **자기의 죄**['크리마', 심판, 판결, judgement, NIV]**를 먹고 마시는 것이니라.**

그 심판의 결과가 무엇입니까?

다음 절에 나옵니다. 그 심판은 바로 이 세상에서 시행되는 심판입니다.

[고전 11:30] 그러므로 너희 중에 약한 자[영적, 정신적, 정서적, 육체적으로 약한 자]와 병든 자가 많고 잠자는 자-요절[夭折]하는 자-도 적지 아니하니.

이런 고린도 교회 성도들의 무례함은 성찬뿐만 아니라 예배에도 나타났습니다. 그들은 예배할 때도 무질서하게 통역도 없이 남이 알아듣지도 못하는 방언으로 온통 예배 분위기를 엉망으로 만들었습니다.

그래서 바울은 그들에게 다음과 같이 권면합니다.

[고전 14:40] 모든 것을 품위 있게 하고 질서 있게 하라.

고린도 교회 성도들이 이렇게 무질서하고 무례한 삶을 살았던 이유가 무엇입니까?

그들이 참된 사랑인 하나님의 아가페 사랑을 알지 못했기 때문입니다. 만약 그들이 참된 하나님의 아가페 사랑을 알았다면 그들의 삶 속에 반드시 예의범절(禮儀凡節)이 나타났을 것입니다. 사랑은 결코 무례하게 행할 수 없기 때문입니다.

우리가 참으로 하나님의 사랑을 체험했다면 우리의 삶은 품위 있고 예의 바르고 질서 있는 모습으로 나타납니다. 그래서 믿음의 형제들에게 은혜를 끼치고 덕을 끼칩니다. 믿지 않는 자들에게는 주님의 아름다운 향기를 진하게 풍겨서 그들을 주님 앞으로 이끕니다. 사랑은 무례히 행하지 않습니다.

사랑하는 성도 여러분!

사랑은 자랑하지 않습니다. 사랑은 교만하지 않습니다. 사랑은 무례히 행하지 않습니다. 우리 안에 이런 참된 사랑의 특성이 넘쳐나서 우리의 삶을 통해 놀라운 하나님의 아가페 사랑이 많은 사람에게 흘러가기를 간절히 바랍니다. 특히, 아가페 '사랑의 특성'을 우리 삶 속에서 구체적으로 실천함으로 우리 가족과 직장 동료와 믿음의 형제들과 이웃들이 하나님의 아가페 사랑을 실제로 맛보고 체험하기를 간절히 바랍니다.

제7장
아가페 사랑의 특성(3)

> [고전 13:5] (사랑은) … 자기의 유익을 구하지 아니하며 성내지 아니하며 ….

이제까지 우리는 주일마다 고린도전서 13장을 상고(詳考)하면서 '사랑의 삶'이 우리 신앙과 인생에 있어서 얼마나 중요한지를 깊이 깨닫게 되었습니다. 그러기에 우리는 성령을 의지하고 날마다 삶 속에서 '사랑의 삶'을 구체적으로 실천해야 합니다.

우리가 삶 속에서 사랑의 삶을 구체적으로 실천한다는 것은 바로 주님의 인격과 성품, 삶과 사역 속에 나타났던 15가지 '아가페 사랑의 특성'을 구체적으로 실천하며 사는 것을 의미합니다.

지난주까지 우리는 15가지 사랑의 특성 가운데 여섯 가지를 살펴보았습니다. 사랑은 오래 참습니다. 사랑은 온유합니다. 사랑은 시기하지 않습니다. 사랑은 자랑하지 않습니다. 사랑은 교만하지 않습니다. 사랑은 무례하게 행하지 않습니다.

오늘도 계속해서 사랑의 15가지 특성 중에서 두 가지를 살펴보겠습니다.

1. 사랑은 자기의 유익을 구하지 않습니다

[고전 13:5] (사랑은) … 자기의 유익을 구하지 아니하며 … .

인간은 타락한 본성으로 인해 모양과 정도의 차이는 있지만, 너나 할 것 없이 모두 자기중심적이며 이기적입니다. 우리 인간의 마음 깊은 곳에는 잘못된 자기 사랑의 죄악 된 이기적인 욕망이 깊이 뿌리 박혀 있습니다.

'죄'를 한마디로 정의하면 '잘못된, 죄악 된 자기 사랑'이라고 말할 수 있습니다. 죄인인 인간은 다른 사람의 마음을 살펴보기보다 먼저 자기 마음에 드는 것을 구합니다. 다른 사람의 일보다는 자기 일에 더 관심이 많습니다. 다른 사람의 유익을 추구하기보다 자기 유익을 더 추구합니다.

그러나 참된 사랑은 그렇지 않습니다. 참된 사랑은 자기중심적이지 않고 이기적이지 않습니다. 아가페의 사랑은 다른 사람에 대해 지대한 관심을 기울입니다. 자기의 유익보다 다른 사람의 유익을 먼저 구합니다.

그러나 고린도 교회 성도들은 그렇지 않았습니다. 그들에게는 참된 사랑이 없었기에 형제의 유익을 구하기보다 자기들의 유익만을 구했습니다. 그들은 성도들의 '식탁 교제'인 애찬(愛餐)이나 성찬에 참석할 때도 다른 성도들을 생각하지 않았습니다. 자신들만을 생각했습니다.

그래서 어떤 자들은 과도하게 먹고 마셨기에 포만감(飽滿感)을 느끼고 포도주에 취했지만, 다른 사람들은 시장할 수밖에 없었습니다. 또 그들은 성령의 은사를 구할 때도 교회의 덕을 세우고 다른 성도들의 유익을 위해 구하지 않았습니다. 자신을 드러내고 나타내기 위해 구했습니다.

그 결과 고린도 교회는 모든 은사에 부족함이 없었지만, 교회 안에는 육신에 속한 어린아이와 같은 미숙한 신자로 가득했습니다. 그래서 많은 문제가 발생했고 성도들 상호 간에 시기와 분쟁과 다툼이 끊이지 않고 일어났습니다.

이런 고린도 교회 성도들을 바라보면서 사도 바울은 심히 안타까운 심정으로 다음과 같이 권면합니다.

[고전 10:23-24] 모든 것이 가(可)하나 모든 것이 유익한 것은 아니요 모든 것이 가하나 모든 것이 덕을 세우는 것은 아니니 **누구든지 자기의 유익을 구하지 말고 남의 유익을 구하라.**

[고전 10:33] 나와 같이 모든 일에 모든 사람을 기쁘게 하여 **자신의 유익을 구하지 아니하고 많은 사람의 유익을 구하여** 그들로 구원을 받게 하라.

이처럼 참된 사랑은 자기의 유익을 구하지 않습니다. 자기 권리를 기꺼이 포기합니다. 사랑을 받으려고 하지 않습니다. 오히려 다른 사람의 유익을 먼저 구하며 사랑을 주려고 합니다. 참된 사랑, 하나님의 아가페 사랑은 아낌없이 주는 것입니다.

[요 3:16] 하나님이 세상을 이처럼 **사랑하사 독생자를 주셨으니** ….

하나님의 아가페 사랑은 가장 귀한 독생자를 우리에게 아낌없이 주셨습니다. 이렇게 사랑은 자기의 가장 귀한 것을 아낌없이 주는 것입니다. 사랑한다면 우리에게는 줄 것이 항상 있습니다. 반면에 사랑하지 않으면 내가 아무리 많은 것을 가지고 있다고 할지라도 줄 것이 없습니다.

사람들이 왜 못 줍니까?

왜 주기를 아까워합니까?

내가 가진 것이 없어서가 아닙니다. 내게 줄 것이 없어서 못 주는 것이 결코 아닙니다. 내게 줄 것이 부족해서도 아닙니다. 내게 사랑이 없기 때문입니다. 내게 사랑이 부족하기 때문입니다.

베드로와 요한이 제9시, 즉 오후 3시 유대인들의 기도 시간에 기도하러 성전에 올라가고 있었습니다. 그때 마침 나면서부터 걷지 못하게 된 사람이 성전 미문에 앉아서 베드로와 요한에게 구걸했습니다. 베드로와 요한에게는 가진 것이 없었습니다. 걷지 못하는 거지에게 줄 돈이 한 푼도 없었습니다. 그러나 그들은 가진 것이 없다고 그냥 지나가지 않았습니다.

베드로와 요한은 지금 자기가 가시고 있는 것이 무엇인지를 생각했습니다. 은도 없었고 금도 없었지만, 돈도 한 푼 없었지만, 그들에게 가진 것이 하나 있었습니다. 바로 나사렛 예수 그리스도의 이름이었습니다.

그래서 베드로는 걷지 못하는 거지에게 외칩니다.

> [행 3:6] 베드로가 이르되 은과 금은 내게 없거니와 내게 있는 이것을 네게 주노니 나사렛 예수 그리스도의 이름으로 일어나 걸으라.

이처럼 참된 사랑이 있는 사람들은 줄 수 없는 이유를 생각하지 않습니다. 지금 내게 있는 것이 무엇인가를 생각합니다. 내가 다른 사람들에게 줄 수 있는 것이 무엇인가를 생각합니다. 그리고 기쁨으로 기꺼이 그것을 줍니다.

이해인 수녀가 올해 6월에 자신의 수녀원 입회(入會) 60년 그리고 80년의 삶을 담은 단상집(斷想集)『소중한 보물들』을 출간했습니다.

그 책의 '첫말'에서 이해인 수녀는 다음과 같이 고백을 합니다.

> 더 갖지 못해 아쉽기보다 더 베풀지 못해 아쉽다. … 나눌수록 커지는 사랑이 어떤 것인지를 사소한 선물을 나누고 양보하며 배운다.

미국의 금융가이자 자선가로 "현대 자선 활동의 아버지"로 평가받는 조지 피바디(George Peabody, 1795-1869)는 어릴 때 어려운 가정환경으로 인해 학교를 제대로 다닐 수가 없었습니다. 그가 10대였을 때 아버지가 돌아가셨기에 그는 홀어머니와 여섯 명의 형제자매를 부양하기 위해 형의 가게에서 일했습니다.

그는 나중에 "나는 어린 시절에 겪었던 찢어지게 가난했던 궁핍함을 결코 잊은 적이 없으며 결코 잊을 수가 없다"라고 말했습니다. 궁핍과 가난으로 얼룩졌던 그의 어린 시절은 후에 절약과 자선 활동에 대한 그의 헌신에 영향을 미쳤습니다.

피바디는 자신의 막대한 재산을 자선 사업과 교육 사업을 위해 내어놓으면서 놀라운 고백을 했습니다.

내 평생에 걸쳐 피와 땀을 쏟아서 모았던 내 재산을 내놓은 것은 확실히 어려운 일이었다. 그러나 결단하고 내놓았을 때 재산을 모을 때와 비교할 수 없는 신기한 기쁨이 있었다. 나는 이 기쁨 때문에 자원해서 전 재산을 내어놓을 수 있었다.

이처럼 참된 사랑은 자기가 소유한 귀한 것들을 아낌없이 기쁨으로 내어놓습니다. 왜냐하면, 사랑은 자기의 유익을 구하지 않기 때문입니다.

평생을 인도의 한센병 환자들 공동체에서 사랑을 실천하며 살았던 마더 테레사 수녀(Mother Theresa, 1910-1997)가 미국을 순방했을 때의 있었던 일입니다.

어떤 자매가 죽으려고 작정하고 테레사 수녀에게 찾아와서 이렇게 하소연했습니다.

"수녀님, 정말 죽고 싶습니다. 저는 이제 죽는 길밖에 없습니다."

그때 테레사 수녀는 자매에게 이런 제안을 했습니다.

"그렇다면 죽기 선에 마시막으로 꼭 한 가지민 해 보시겠어요?"

"뭔데요?"

"제가 있는 곳에 오세요. 그곳에 와서 저를 꼭 한 달만 도와주세요. 그런 후에 죽어도 늦지 않으니까요."

그러자 자매는 인도의 캘커타(Calcutta)로 갔습니다. 그리고 비참하게 고통당하고 있는 한센병 환자들을 돌보며 치료했습니다. 그러면서 삶의 의욕이 생겨났습니다. 죽고 싶은 마음이 싹 사라졌습니다.

우리 주님의 가르침 중에서 가장 명백한 교훈이 있습니다. 그것은 우리가 어떤 것을 갖거나 소유하는데 행복이 있는 것이 아니라, 주는데 참된 행

제7장 아가페 사랑의 특성(3)

복이 있다는 것입니다. 그래서 사도 바울은 사도행전 20장 35절에서 주님께서 친히 하신 말씀을 인용하여 에베소 교회 장로들에게 말합니다.

[행 20:35] 범사에 여러분에게 모본을 보여준 바와 같이 **수고하여 약한 사람들을 돕**고 또 주 예수께서 친히 말씀하신 바 주는 것이 받는 것보다 복이 있다 하심을 기억하여야 할지니라.

진정한 행복은 얻는 데 있지 않습니다. 모으는 데 있지 않습니다. 소유하는 데 있지 않습니다. 오직 주는 데만 있습니다.

우리 주님의 삶이 바로 그러하셨습니다. 주님께서는 자기의 유익을 구하지 아니하시고, 오직 우리의 유익을 구하셨습니다.

만약 주님께서 자기 유익을 구하셨다면 왜 하늘 보좌를 버리시고 비천한 인간의 몸을 입고 천하디천한 구유에 태어나셨을까요?
왜 수치와 고통의 십자가를 마다하지 않으시고 지셨을까요?
왜 양손과 양발에 굵은 못에 박히시고 옆구리를 창에 찔리셨을까요?

주님께서 우리를 참으로 사랑하셨기 때문입니다. 그래서 주님께서는 자기 유익을 구하지 않으시고 우리의 유익을 구하셨던 것입니다.

우리는 이 주님의 아가페 사랑을 입었기에 죄 사함을 받았고, 구원을 얻었으며, 하나님의 보배롭고 존귀한 자녀가 되었습니다. 그렇다면 우리 역시 우리 자신의 유익을 구하지 않아야 합니다. 주님과 이웃의 참된 유익을 구하며 살아야 합니다. 사랑은 자기의 유익을 구하지 않습니다.

2. 사랑은 성내지 않습니다

> [고전 13:5] (사랑은) … 성내지 아니하며 … .

원래 '성낸다'의 헬라어 '파록쉬네타이'라는 말은 '곁에'의 '파라'와 '날카롭고 뾰족하다'의 '옥쉬네타이'의 합성어 입니다. 그러므로 '성낸다'라는 것은 '날카롭고 뾰족한 것으로 곁에 있는 사람을 찌른다'라는 뜻입니다. '성내는 것'은 '인간관계에서 자기의 분노의 감정을 갑작스럽게 폭발시켜서 다른 사람에게 상처주는 것'을 의미합니다.

사도 바울 당시의 사람들은 '성낸다'의 헬라어 '파록쉬네타이'를 자기에 대한 다른 사람들의 악담(惡談), 비방, 악행에 대하여 일으키는 일체의 부정적 반응으로 이해했습니다.

인간관계에서 가장 빈번하게 상처를 입히면서 고통을 주는 것이 바로 분노입니다. 연구 조사에 따르면 분노는 그리스도인 부부 사이에서도 아내들이 남편으로부터 가장 상처를 많이 입는 영역이기도 합니다. 자주 화를 내고 쉽게 분노를 터뜨리는 남편 때문에 수많은 아내가 피멍이 든 가슴과 상처 입은 마음을 껴안고 오랜 세월 동안 고통당하며 살아갑니다.

화를 잘 내는 사람은 자신의 성내는 것이 얼마나 다른 사람의 마음에 큰 상처를 입히며 그 상처의 결과가 얼마나 오래가는지를 잘 모릅니다. 그래서 그들은 자기 감정을 제대로 다스리지 못하고 쉽게 순간적인 감정에 사로잡혀 화를 냅니다. 이전에 제가 그랬습니다. 그 사실을 깨닫고 그렇게 하지 않으려고 노력하고 있지만, 쉽지 않음을 발견합니다.

얼마 전에 제프 로빈슨(Jeff Robinson)의 『험담, 그 일상의 언어』(Taming the Tongue)에 나오는 내용이 제 마음을 찔렀습니다.

> 겸손한 태도와 온유한 어조 및 표정은 말에 생명을 담아내는 데 도움이 된다.

한번은 어느 목사님이 분노에 관한 설교를 했다고 합니다. 그런데 예배가 끝난 뒤 한 부인이 목사님에게 다가와서 말했습니다.

"목사님, 저는 작은 일에도 가끔 폭발합니다. 그러나 뒤끝이 없습니다. 일 분도 안 되어 다 풀어버립니다."

그러자 목사님은 그 부인을 보면서 말했습니다.

"총도 마찬가지입니다. 한 방이면 끝나지요. 그러나 한 방만 쏘아도 그 결과는 엄청납니다."

유명한 빌리 선지 목사님에게 어느 날 한 부인이 찾아와서 이렇게 말합니다.

"목사님, 저는 성질 잘 내는 것이 큰 흠입니다. 그러나 오래 가지는 않습니다."

그러자 빌리 선지 목사님이 대답했습니다.

"자매님, 자매님은 오래 가지 않지만, 자매님이 성냄으로 인하여 누군가의 마음속에 남겨 준 그 상처는 오래! 오래! 오래! 간다는 사실을 꼭 기억하십시오."

타락하여 부패한 본성을 가지고 있는 인간은 누구나 예외 없이 본질적으로 자기중심적이고 이기적입니다. 그래서 자기 마음에 들지 않거나 자기 이익이 침해당할 때 쉽게 화를 내고 빈번하게 성을 냅니다. 그런데 그 결과는 무섭고 치명적입니다. 그래서 성경이 빈번하게 다루는 문제 가운데 하나가 바로 분노의 문제입니다(전 7:9; 마 5:5; 엡 4:26-27, 31; 골 3:8; 딤전 2:8; 약 1:19-20).

[전 7:9] 급한 마음으로 노를 발하지 말라 노(怒)는 우매한 자들의 품에 머무름이니라.

[딤전 2:8] 그러므로 각처에서 **남자들이 분노와 다툼이 없이 거룩한 손을 들어 기도하기를 원하노라**.

특히, '지혜의 교훈'으로 가득한 잠언에는 분노에 관한 가르침이 많이 기록되어 있습니다(잠 14:17; 16:32; 19:11, 19; 22:24-25; 29:22).

[잠 14:17] 노하기를 속히 하는 자는 **어리석은 일을 행하고** ….

[잠 19:11] 노하기를 **더디하는 것이 사람의 슬기요** ….

[잠 19:19] 노하기를 맹렬히 하는 자는 **벌을 받을 것이라** ….

[잠 22:24-25] **노를 품는 자와 사귀지 말며 울분한 자와 동행하지 말지니 그의 행위를 본받아 네 영혼을 올무에 빠뜨릴까 두려움이니라**.

[잠 29:22] 노하는 자는 **다툼을 일으키고** 분하여 하는 자는 **범죄함이 많으니라**.

분노는 이렇게 여러 가지 심각한 부정적인 영향을 우리에게 미칩니다. 그래서 성경은 '성내기를 더디 하라'라고 명령합니다(약 1:19).

> [약 1:19-20] 내 사랑하는 형제들아 너희가 알지니 … 성내기도 더디 하라 사람이 성내는 것이 하나님의 의[義]를 이루지 못함이라[for man's anger does not bring about the righteous life that God desires, NIV].

왜 우리가 성내는 것을 더디 해야 합니까?

성을 내는 것은 순간적인 감정에 사로잡혀서 우리 자신을 완전히 부정적인 감정에 내어 맡기기 때문에 발생합니다. 따라서 성내는 것은 결코 '하나님의 의'를 이룰 수 없습니다.

여기서 '하나님의 의(義)'(디카이오쉬넨 데우)는 다음과 같이 몇 가지로 설명할 수 있습니다.

첫째, 하나님이 보시기에 옳은 것입니다.
둘째, 하나님과 올바른 관계를 맺는 것입니다.
셋째, 하나님의 기준으로 이웃을 사랑하는 것입니다.

따라서 우리가 화를 내면 하나님 보시기에 옳지 못하고, 하나님과 올바른 관계를 맺지 못하며, 하나님의 규범을 어기게 됩니다. 성을 낸다는 것은 자신의 이해타산(利害打算)에서 나오는 것입니다. 결국, 성내는 것은 우리가 하나님 앞에서 교만해져 있다는 증거이므로 악한 것이며 범죄하는 것입니다.

모세는 애굽에서 오랜 세월 동안 노예 생활하던 이스라엘 백성들을 여러 가지 어려움과 위기를 겪으면서 구원해 내었습니다. 그리고 광야 40년 동안 수많은 어려움과 문제를 극복하며 그들을 가나안 땅으로 계속 인도해 나갔습니다.

그러나 모세는 자기가 간절히 소원했던 약속의 땅 가나안에 들어가지 못했습니다. 왜냐하면, 그가 범한 분노의 죄 때문이었습니다. 애굽에서 나온 이스라엘 백성들은 문제와 어려움만 생기면 항상 모세를 원망하고 대적했습니다. 어떤 때는 돌을 가지고 모세를 치려고도 했습니다(민 14:10).

이렇게 이스라엘 백성들이 매번 모세를 향해 대항했기에 참다못한 모세는 므리바 물가에서 분노하며 죄를 범하고 말았습니다. 결국, 모세는 이 사건 때문에 하나님의 징벌을 받아 가나안 땅에 들어가지 못했습니다(민 20:1-13). 이렇게 성내는 것은 우리에게 심각한 부정적인 결과를 가져옵니다. 그래서 성경은 여러 곳에서 분노하는 것을 경계하고 있습니다.

우리에게 잘못을 하고 죄를 범한 자들을 향해 우리는 성내고 욕하고 분노하고 보복할 수 있습니다. 인간적으로 볼 때는 그렇게 할 수 있는 충분한 자격과 권리가 우리에게 있기 때문입니다. 그렇지만 우리는 그렇게 해서는 안 됩니다. 오히려 우리에게 잘못을 하고 죄를 범한 자들을 향해 참고 불쌍히 여기며 이해하려고 하고 용서하고 용납해야 합니다. 왜냐하면, 하나님과 그리스도께서 먼저 우리에게 그렇게 하셨기 때문입니다.

[엡 4:31-32] 너희는 모든 악독과 **노함과 분냄과 떠드는 것과 비방하는 것을** 모든 악의와 함께 **버리고** 서로 친절하게 하며 불쌍히 여기며 서로 용서하기를 하나님이 **그리스도** 안에서 너희를 용서하심과 같이 하라.

[골 3:13] 누가 누구에게 불만이 있거든 서로 용납하여 피차 용서하되 주께서 너희를 용서하신 것 같이 너희도 그리하고.

심지어 주님은 자기를 십자가에 못 박아 죽이는 원수들까지 불쌍히 여기시면서 용서하셨습니다.

[눅 23:34] … 아버지 **저들을 사하여 주옵소서** 자기들이 하는 것을 알지 못함이니이다 ….

우리는 하나님과 예수 그리스도의 말할 수 없는 긍휼과 자비와 용서를 입은 자입니다. 그리고 지금도 계속해서 그런 은혜를 입고 있습니다. 그러기에 우리 역시 그렇게 하는 것이 마땅합니다.

그렇다면 우리가 화를 내지 않고 분노하지 않기 위해서는 어떻게 해야 합니까?

미국 남북 전쟁이 한창일 때 조지 B. 매클렐런(George B. McClellan, 1826-1885)이라는 장군이 있었습니다. 그는 북군(北軍, Union Army)의 가장 뛰어난 장군 중의 한 사람으로, 4개월의 짧은 기간 동안 북군의 총사령관을 맡기도 했습니다.

다음은 그때 있었던 일화입니다.

하루는 링컨 대통령(Abraham Lincoln, 1809-1865)이 그를 격려하기 위해 국방 장관을 대동(帶同)하고 그의 야전사령부를 방문했습니다. 그런데 장군이 전투 현장에서 아직 돌아오지 않아 링컨은 몇 시간 동안을 사령관실에 앉아서 그를 기다려야만 했습니다. 한참 후에 돌아온 장군은 사령관실에 앉아 있는 대통령과 장관을 본체만체하면서 그냥 2층 자기 방으로 올라갔습니다. 링컨 대통령과 장관은 서로 얼굴을 쳐다보고는 장군이 곧 내려오리라 생각하고 다시 의자에 앉아서 그가 내려오기를 기다렸습니다.

그런데 한참 지난 후에 하녀가 내려오더니 미안한 표정으로 이렇게 말했습니다.

"죄송합니다만 장군께서는 너무 피곤해서 그냥 잠자리에 드신다고 대통령께 말씀드리라고 하셨습니다."

그 이야기를 듣자, 국방 장관이 깜짝 놀랐습니다. 일개 장군이 직속상관인 자기는 고사하고 감히 대통령마저도 그렇게 대놓고 무시하는 것은 감히 있을 수 없는 일이었습니다. 그래서 분개하여 링컨에게 이렇게 건의했습니다.

"각하, 저렇게 무례한 놈은 제 생전에 본 적이 없습니다. 각하께서는 저 놈을 당장 직위해제 시키셔야 합니다."

그러나 링컨은 잠시 침묵을 지킨 후 조용히 장관에게 말했습니다.

"아니다. 서 상군은 우리가 이 전쟁을 이기는 데 절대적으로 필요한 사람이다. 저 장군 때문에 단 한 시간만이라도 이 유혈의 전투가 단축될 수 있다면 나는 기꺼이 그의 말고삐를 잡아주고 군화도 닦아줄 것이다. 나는 그를 위해서라면 무슨 일이라도 다 하겠다."

링컨 역시 우리와 똑같은 성정(性情)을 가진 인간이었습니다. 또 그는 일국의 최고 지도자인 대통령입니다. 따라서 일개 장군의 도에 벗어난 무례한 모습을 보면서 대통령의 권위에 대한 심한 모욕이라고 느끼면서 도저히 용서할 수 없다는 생각이 들었을 것입니다. 그리고 링컨은 순간적인 감정에 사로잡혀 분노하며 국방 장관의 건의대로 당장 그를 파면시킬 수 있었습니다. 그러나 링컨은 잠시 노여움을 누르고 침묵 속에서 곰곰이 생각했습니다.

'잠도 못 자고 전투에 시달린 장군에게는 또 다른 전투를 위해서 휴식이 필요하겠지. 또 전투 중의 장군에게 예고도 없이 불쑥 찾아온 것은 실례가 될 수도 있지.'

무엇보다 링컨은 북군의 사기에 미칠 영향도 생각했을 것입니다.

'저 장군을 파면시키면 군대의 사기에 부정적인 영향을 미치게 되고, 우리 북군이 전쟁을 수행하는 데 있어서 차질이 올 수가 있지.'

링컨은 노여움을 억누르며 이런저런 생각을 하면서 잠시 말이 없었습니다. 결국, 링컨은 조국과 국민의 유익을 위해 참고 인내하며 분노를 극복하고 올바른 결정을 내렸습니다.

링컨의 이런 모습은 남북 전쟁을 승리로 이끈 주요 원동력이 되었습니다. 그리고 지금까지 링컨이 역대 미국 대통령 중에서 가장 훌륭한 대통령이라는 평가를 받는 이유이기도 합니다.

우리도 링컨 대통령처럼 참고 인내하며 분노를 잘 극복해야 합니다.

그렇다면 우리는 이를 위해 구체적으로 어떻게 해야 합니까?

첫째, 노하기를 더디 하시고 길이 참으시는 하나님을 기억하십시오.

우리가 화를 낼 수밖에 없는 상황에서도 참고 인내하며 분노를 잘 극복하기 위해서는 화가 나고 분노가 일어날 때마다 우리를 향하여 노하지 않으시고 길이 참으시면서 용서하시는 하나님을 기억해야 합니다. 하나님께 내게 베푸신 풍성한 은혜와 긍휼과 인자하심을 깊이 묵상해야 합니다. 그리고 그 하나님의 풍성하신 은혜와 긍휼과 인자하심을 내 안에 가득 채워

주시기를 간구해야 합니다.

> [시 103:8-9] 여호와는 **긍휼이 많으시고 은혜로우시며 노하기를 더디 하시고 인자하심이 풍부하시도다** 자주 경책[警責]하지 아니하시며 노를 영원히 품지 아니하시리로다.

하나님께서는 우리의 반복되는 허물과 죄악을 속속들이 다 보시고 다 아시면서도 성내지 않으셨습니다. 심히 고통당하시면서도 하루를 천년같이, 천년을 하루 같이 길이 참으시며 우리가 회개하고 돌이키기를 간절히 기다리십니다.

> [벧후 3:8-9] 사랑하는 자들아 **주께는 하루가 천 년 같고 천 년이 하루 같다는** 이 한 가지를 잊지 말라 주의 약속은 어떤 이들이 더디다고 생각하는 것 같이 더딘 것이 아니라 오직 주께서는 너희를 대하여 오래 참으사 아무도 멸망하지 아니하고 다 회개하기에 이르기를 원하시느니라.

> [롬 2:4] 혹 네가 **하나님의 인자하심이 너를 인도하여 회개하게 하심을** 알지 못하여 그의 인자하심과 용납하심과 길이 참으심이 풍성함을 멸시하느냐.

사랑하는 여러분!
우리 때문에 그렇게 고통당하시면서도 우리를 향하여 노하기를 더디 하시며, 길이 참으시는 하나님을 기억하십시오. 풍성한 하나님의 인자하심과 용납하심과 길이 참으심을 묵상하십시오. 그 인자하심과 용납하심과 길이 참으심을 내 마음에 가득 채워 주시기를 기도하십시오. 그때 우리도 성내지 아니하고 참아 줄 수 있습니다.

왜냐하면, 우리가 하나님의 아가페 사랑으로 우리 마음을 가득 채울 때, 그리고 우리 자신을 온전히 하나님께 드릴 때, 우리 마음속에서 일어나는 화를 잘 절제하며 다스려서 분노를 잘 극복할 수 있기 때문입니다.

둘째, 나의 죄악 된 본성과 타락한 자아를 계속해서 십자가에 못 박아 죽이십시오.

우리가 성을 내는 데는 근본 이유가 있습니다. 그것은 우리의 옛사람, 즉 죄악 된 본성과 타락한 자아로부터 나오는 '자기중심성'과 타락한 '자기 사랑' 때문입니다.

우리가 언제 화가 납니까?

내가 원하는 것과는 아주 반대되는 상황이 발생할 때입니다. 예를 들면 중요한 약속이 있어서 차를 몰고 가는데 오늘따라 계속 차가 막혀서 약속 시간에 많이 늦을 것 같습니다. 그때 마음이 초조해지면서 그런 답답한 상황에 대해 화가 납니다.

또, 우리가 화가 나는 경우는 상대방이 내가 원하고 바라는 것과 다르게 반응할 때입니다. 예를 들면, 차를 운전해서 가는데 옆 차선에서 가고 있던 차가 깜빡이도 켜지 않고 갑자기 끼어들어 사고가 날뻔했습니다. 그때 화가 나고 우리 입에서는 욕설이 튀어나옵니다.

이렇게 우리가 성을 내는 근본 이유는 우리의 죄악 된 본성과 타락한 자아가 살아 있기 때문입니다. 타락한 인간은 자기중심적 본성을 따라 살고 자기 사랑의 동기를 가지고 움직입니다. 우리 마음 깊은 곳에는 자기중심성과 타락한 자기 사랑으로 인하여 자신이 원하고 바라는 것을 강요하는 죄악 된 마음이 있습니다.

따라서 우리가 분노를 극복하기 위해서는 날마다 우리의 죄악 된 본성과 타락한 자아를 십자가에 못 박아 죽여야 합니다. 그때 우리는 '나는 죽고 예수로 사는 삶', '나 중심의 삶'이 아니라 '하나님 중심의 삶'으로 변화되게 될 것입니다. 타락한 자기 사랑이 아니라 하나님 사랑과 이웃 사랑의 이타적인 삶을 살게 될 것입니다.

> [갈 2:20] 내가 그리스도와 함께 십자가에 못 박혔나니 그런즉 이제는 내가 사는 것이 아니요 오직 내 안에 그리스도께서 사시는 것이라 ….

여기서 '함께 십자가에 못 박혔다'를 의미하는 헬라어 '쉬네스타우로마이'의 시제는 완료형입니다. 따라서 "내가 그리스도와 함께 십자가에 못 박혔다"라는 것은 우리가 예수님을 믿고 구원받았을 때 우리의 옛사람인 죄악 된 본성과 타락한 자아는 그리스도와 함께 십자가에 못 박혀 완전히 죽었다는 의미입니다.

그리고 "이제는 내가 살지 않고 오직 내 안에 그리스도께서 사신다"의 시제는 현재형입니다. 헬라어에서 '현재형'은 계속과 반복의 의미가 있습니다. 따라서 과거에 예수 믿고 구원받았을 때 완전히 죽었던 나의 옛사람은 지금도 계속해서 죽은 상태에 있고, 지금 내 안에는 그리스도께서 계속해서 살고 계신다는 것입니다.

이것이 바로 그리스도 안에서의 우리 현재 상태입니다. 이것을 분명히 인식하며 살 때 우리는 죄악 된 본성과 타락한 자아를 날마다 십자가에 못 박아 죽이는 삶을 살게 될 것입니다.

[고전 15:31] 형제들아 내가 그리스도 예수 우리 주 안에서 가진 바 너희에 대한 나의 자랑을 두고 단언하노니 **나는 날마다 죽노라**.

셋째, 화를 내는 것은 하나님의 의를 이루지 못한다는 말씀을 기억하십시오.

[약 1:20] 사람이 성내는 것이 **하나님의 의(義)를 이루지 못함이니라**.

우리가 아무리 옳고 정당해도 성을 내어서는 결코 하나님의 의를 이룰 수 없습니다. 그러기에 하나님의 아가페 사랑 가운데서 사는 믿음이 성숙한 사람들은 화가 날 때 자신의 마음을 잘 다스리게 될 것입니다.

왜냐하면, 그들은 하나님의 이 말씀을 잘 알고 있고, 또 이 말씀에 순종하기를 간절히 소원하며 힘쓰고 있기 때문입니다.

진정으로 신앙이 성숙한 사람이 누구입니까?

잠언 16장 32절은 우리에게 그 대답을 알려 줍니다.

[잠 16:32] 노하기를 더디하는 자는 **용사보다 낫고** 자기의 마음을 다스리는 자는 성을 빼앗는 자보다 나으니라.

성경 주석가 윌리엄 바클레이(William Barclay, 1907-1978)는 말합니다.

> 성을 내는 것은 언제나 자신이 패배했다는 표시(sign)이다. 우리가 화를 낼 때 우리는 모든 것을 잃어버린다. … 분노를 다스릴 수 있는 사람은 다른 어떤 것도 다스릴 수 있는 사람이다.

사랑하는 성도 여러분!

우리는 예수 그리스도를 믿고 거듭나서 새로운 피조물이 되었고, 또 그리스도 안에서 완전히 새것이 되었습니다. 그러나 여전히 우리 안에는 타락한 옛사람의 본성인 '자기중심성'과 '이기심'이 똬리를 틀고 앉아 악한 영향을 계속 미치고 있습니다.

그래서 우리는 자기의 유익을 먼저 구합니다. 내 마음에 들지 않거나 조금만 나의 이익을 침범당하면 쉽게 화를 냅니다. 그러나 사랑은 자기의 유익을 구하지 않습니다. 사랑은 성내지 않습니다.

그러므로 나의 타락한 옛사람이 그리스도와 함께 십자가에 못 박혀 완전히 죽었고, 그 죽은 효과가 지금까지 계속되고 있다는 사실을 늘 기억하고 사십시오. 날마다 성령의 도우심을 간구하며 사십시오. 그때 우리는 '나는 죽고 예수로 사는' 승리의 삶을 살게 될 것입니다. 시간이 지날수록 나 자신의 유익을 구하지 아니하는 사람, 성내지 않는 사람으로 변화되어 갈 것입니다.

그 결과 우리는 주위 사람들에게 위로와 힘을 주고, 우리가 속한 공동체를 견고하게 세우며, 하나님께 큰 영광을 돌리면서 진정으로 복된 인생을 살게 될 것입니다.

제8장
아가페 사랑의 특성(4)

> [고전 13:5-6] (사랑은) … 악한 것을 악한 것을 생각하지 아니하며 불의를 기뻐하지 아니하며 진리와 함께 기뻐하고.

'의(義)의 태양'이신 주님께서 당신의 아가페 사랑의 빛을 우리에게 비쳐 주시면 우리는 주님의 아가페 사랑을 경험하게 되고, 그리하여 우리 인격과 성품, 삶과 사역 속에는 주님의 사랑을 닮은 15가지 아름다운 사랑의 특성이 나타나게 됩니다.

우리는 이제까지 아가페 사랑의 15가지 특성 가운데 여덟 가지를 살펴보았습니다.

계속해서 사랑의 특성 15가지 가운데 세 가지를 살펴보려고 합니다.

1. 사랑은 악한 것을 생각하지 않습니다

> [고전 13:5] (사랑은) … 악한 것을 생각지 아니하며.

여기서 "악한 것"의 헬라어 '카콘' 앞에 정관사 '토'(τό, the)가 붙어 있습니다. 따라서 이것은 '일반적인 악'을 말하는 것이 아니라 다른 사람이 우리를 공격한 '구체적인 악'을 가리킵니다. 그리고 '생각한다'의 헬라어 '로기제타이'라는 말은 원래 '세다(count), 계산하다'라는 의미로 '잊어 버리지 않기 위해서 장부에 기록하여 잘 보관하는 것'을 말합니다.

그래서 NIV 영어 성경은 "… it keeps no record of wrongs", "사랑은 잘못에 대한 기록을 계속 간직하고 있지 않습니다"라고 번역했습니다. 공동번역 성경은 "앙심을 품지 않습니다"로 번역했습니다.

따라서 '악한 것을 생각한다'라는 말은 '다른 사람이 내게 입힌 악이나 피해나 상처나 잘못을 내 마음속의 장부에 기록하여 보관하여 두고, 시간이 날 때마다 하나하나 헤아리면서 생각하고, 또 생각하는 것'을 의미합니다.

이와 관련하여 성경 주석가 윌리엄 바클레이의 책에는 이런 이야기가 기록되어 있습니다.

> 남태평양의 폴리네시아에 살고 있는 토인들에게 다음과 같은 관습이 있다고 합니다. 만약 누가 자기에게 잘못을 저지르면 그것을 잊지 않고 기억하기 위해 물건에다 그 잘못을 기록하여 자기들이 살고 있는 오두막집 처마 끝에 매달아 놓습니다. 그리고 그것을 쳐다볼 때마다 미움과 증오의 마음에 가득 차서 복수를 굳게 다짐합니다.

타락하고 부패한 본성을 가진 인간은 자기에게 악을 행하고, 상처를 주고, 잘못을 범한 사람들을 미워하며 그들을 향하여 원한을 품습니다. 앙심을 품고 복수를 굳게 다짐합니다.

만약 우리가 그렇게 하면 어떤 결과가 나타납니까?

우리 자신과 다른 사람들을 함께 파멸시킵니다. 복수는 복수하는 자와 복수를 당하는 자를 함께 파멸시킵니다. 그러나 용서는 용서하는 사람과 용서받는 사람을 함께 축복합니다. 사랑은 악한 것을 생각하지 않습니다. 사랑은 나에게 악을 행하고, 깊은 상처를 주고, 나를 배반한 사람의 잘못과 죄악을 기억하지 않습니다. 그들을 용서합니다. 오히려 그들을 선대합니다.

위대한 정치가였으며 신실한 그리스도인이었던 미국의 제16대 대통령이었던 에이브러햄 링컨(Abraham Lincoln, 1809-1865)에게는 그를 집요하게 괴롭혔던 에드윈 M. 스탠턴(Edwin McMasters Stanton, 1814-1869)이라는 정적(政敵)이 있었습니다. 다음은 그와 관련한 일화입니다.

스탠턴은 언제나 링컨을 붙들고 늘어지면서 링컨에게 말할 수 없는 수모와 모욕을 안겨다 주었습니다.

그는 신문 지상을 통해 링컨을 "저질이고 교활한 어릿광대"(a low cunning clown)라고 불렀습니다. 그리고 링컨에게 "오리지널 고릴라"(original gorilla)라는 별명을 붙이고는 사람들 앞에서 이렇게 놀렸습니다.

"여러분, 고릴라를 보기 위해서 아프리카까지 갈 필요가 없습니다. 일리노이주의 스프링필드에 가면 아주 손쉽게 고릴라를 발견할 수 있습니다."

일리노이주(State of Illinois)의 스프링필드(Springfield)는 링컨의 고향입니다. 그러므로 스탠턴이 이렇게 말한 것은 링컨을 이만저만 모욕한 것이 아닙니다. 그러나 링컨은 그 말을 듣고도 아무 말도 하지 않았습니다. 오히려 나

중에 링컨이 대통령이 되어 내각을 조직하면서 가장 중요한 국방 장관 자리에 스탠턴을 임명했습니다. 그러자 사람들은 모두 다 놀라지 않을 수 없었습니다. 참모들은 링컨에게 항의했습니다.

"어떻게 그럴 수가 있습니까?

스탠턴은 각하를 그렇게 모욕하고 수모를 안겨다 준 정적(政敵)이 아닙니까?

그런데도 어떻게 그런 사람을 요직에 앉힐 수 있습니까?"

그때 링컨은 이렇게 대답했습니다.

"이제 그 사람은 적이 아니지 않소. 나에게 적이 없어져서 좋고, 그가 나를 돕게 되었으니 내가 그 사람에게 도움을 받아서 좋고, 내가 무엇을 잃었단 말이오."

그리고 링컨은 다음과 같이 유명한 말을 남겼습니다.

> 적을 없애는 가장 좋은 방법은 적을 친구로 만드는 것이다.
> (The best way to get rid of your enemies is to make them your friends.)

후일 링컨이 암살되었을 때 스탠턴은 링컨의 시체 앞에서 머리를 숙이고 눈물을 흘리면서 고백했습니다.

> 이곳에 온 세계가 지켜보았던 사람 중에서 가장 위대한 지도자가 누워 있습니다.
> (There lies the greatest ruler of men the world has ever seen.)

어떻게 링컨은 자기를 괴롭히고 말할 수 없는 수모와 모욕을 안겨다 주었던 스탠턴의 악에 대해 오히려 용서하며 선대(善待)할 수 있었습니까?

그것은 바로 링컨이 하나님의 아가페 사랑을 체험했기 때문입니다. 하나님께서는 우리가 진실된 마음으로 회개할 때 우리의 더럽고 추악하고 혐오스러운 무수한 죄를 용서하시면서 기억하지도 않으시는 분이십니다.

[미 7:18-19] 주와 같은 신[神]이 어디 있으리이까 **주께서는 죄악과 그 기업에 남은 자의 허물을 사유[赦宥]하시며** 인애를 기뻐하시므로 진노를 오래 품지 아니하시나이다 다시 우리를 불쌍히 여기셔서 **우리의 죄악을 발로 밟으시고 우리의 모든 죄를 깊은 바다에 던지시리이다.**

따라서 우리가 예수 그리스도의 십자가를 통해 하나님의 용서하심을 경험했다면 우리 역시 악한 것을 생각하지 않고 형제의 죄를 용서해야 합니다. 이웃의 허물을 용서해야 합니다.

[엡 4:32] 서로 친절하게 하며 불쌍히 여기며 **서로 용서하기를 하나님이 그리스도 안에서 너희를 용서하심과 같이 하라.**

[골 3:13] 누가 누구에게 불만이 있거든 서로 용납하여 피차 용서하되 **주께서 너희를 용서하신 것 같이 너희도 그리하고.**

이렇게 우리가 하나님의 말씀에 순종하여 다른 사람들의 잘못과 죄악을 기억하지 않고 용서할 때 그 용서가 사람을 변화시킵니다. 참된 사랑은 용서합니다. 참된 사랑은 사람을 변화시킵니다. 아가페의 사랑은 사람을 새롭게 만듭니다.

사랑은 악한 것을 생각지 않습니다.

2. 사랑은 불의(不義)를 기뻐하지 않습니다

[고전 13:6] (사랑은) 불의(不義)를 기뻐하지 아니하며 ….

'불의'의 헬라어 '아디키아'는 원래 '하나님의 의(義)'를 가리키는 '디케'(Δίκη)와 정반대되는 의미로 '율법을 깨뜨린 것, 죄를 범한 것'을 말합니다. 여기에 나오는 "불의를 기뻐하지 않는다"라는 것은 나 자신이 불의를 행하는 것을 기뻐하지 않는다는 뜻이 있습니다.

왜냐하면, 자기가 범하는 죄나 불의를 기뻐하는 자들이 있기 때문입니다. 자기가 범한 죄를 마치 무용담(武勇談)처럼 말하면서 뻐기는 불의한 자들이 있습니다. 성경의 말씀처럼 그들은 "자신들의 부끄러움을 영광으로 삼는"(빌 3:19) 심히 추악한 자들입니다.

그러나 본문에서 "불의를 기뻐하지 않는다"라는 것은 자신의 불의를 기뻐하지 않는다는 의미보다는 '다른 사람들의 불의를, 그 불의가 죄든지 실패든지 불행이든지 기뻐하지 않는다'라는 의미입니다. 불의를 기뻐하는 가장 악한 형태는 범죄하는 자들을 보고 즐거워하며, 다른 사람들이 죄에 빠지는 것을 보고 기뻐하는 것입니다.

타락하고 부패한 인간의 본성은 다른 사람의 성공이나 행복을 기뻐하기보다 그들의 불행이나 실패를 더 기뻐합니다. 다른 사람을 칭찬하는 소리에 관심을 기울이기보다 그를 욕하고 명예를 손상시키는 소리에 더 관심을 기울입니다. 이것이 부패한 인간의 마음속에 깊이 뿌리박혀 있는 악하고 부패한, 타락한 본성입니다.

이러한 인간의 부패한 마음을 예레미야서 17장 9절에서는 다음과 같이 묘사합니다.

> [렘 17:9] 만물보다 거짓되고 심히 부패한 것은 마음이라 누가 능히 이를 알리요마는.

이처럼 성경은 만물 중에서 가장 거짓되고 부패한 것이 바로 우리 마음이라고 말씀합니다. 성경 속에서도 이렇게 다른 사람의 범죄와 불의를 보면서 기뻐한 사람들을 찾아볼 수 있습니다.

대표적인 사람들이 바로 서기관들과 바리새인들입니다. 서기관들과 바리새인들은 현장에서 간음한 여인을 붙잡아 개처럼 질질 끌고 다니면서 자기들의 노리개로 삼았습니다(요 8:3-5). 그들은 불쌍한 여인의 범죄와 불의를 기뻐하면서 그녀의 죄악을 즐기고 있었습니다.

누가복은 18장에 나오는 기도하기 위해 성전에 올라갔던 바리새인은 함께 기도하던 세리를 쳐다보면서 하나님께 기도했습니다

> [눅 18:11] … 하나님이여 나는 다른 사람들 곧 토색, 불의, 간음을 하는 자들과 같지 아니하고 이 세리와도 같지 아니함을 감사하나이다.

이와 같은 서기관들과 바리새인들의 모습은 자기의 의로움과 거룩함을 분명하게 드러내고 확실하게 나타내기 위해 다른 사람들의 불의를 기뻐하고 죄악을 즐거워하는 것입니다.

그러나 참된 사랑, 하나님의 아가페 사랑은 불의를 기뻐하지 않습니다. 다른 사람들의 죄악이나 실패나 불행을 즐기지 않습니다. 그들의 불의를 기뻐하기보다 도리어 안타까워하며 마음 아파하고 슬퍼합니다.

우리가 범죄할 때 가장 슬퍼하시고 마음 아파하시는 분은 바로 우리의 죄를 사하시기 위해 가장 귀한 독생자 예수님을 아끼지 아니하시고 우리에게 주신 하나님이십니다. 우리의 불의 때문에 당신의 가장 귀한 생명을 우리에게 주신 예수 그리스도이십니다.

우리의 범죄는 하나님을 가장 슬프게 만듭니다. 우리의 불의는 주님의 마음을 가장 아프게 만듭니다.

그런데 우리가 형제의 불의를 기뻐하고 이웃의 범죄를 즐거워한다면 하나님 앞에서 얼마나 끔찍한 죄악을 범하고 있는 것입니까?

[잠 24:17-18] 네 원수가 넘어질 때에 즐거워하지 말며 그가 엎드러질 때에 마음에 기뻐하지 말라 여호와께서 이것을 보시고 기뻐하지 아니하사 그의 진노를 그에게서 옮기실까 두려우니라.

하나님께서는 우리 원수가 넘어지고 엎드려질 때 우리가 즐거워하고 기뻐하는 것을 결코 원하지 않으십니다.

하물며 우리가 믿음의 형제들의 불의를 기뻐하고, 이웃의 죄악이나 실패나 불행을 즐거워한다면 하나님께서 얼마나 혐오하시고 싫어하시겠습니까?

하나님께서는 우리가 이웃의 불의를 기뻐하지 아니하고 오히려 그들을 긍휼히 여기고 불쌍히 여기기를 간절히 원하십니다.

[엡 4:32] 서로 친절하게 하며 **불쌍히 여기며** ….

이렇게 참된 사랑은 다른 사람들의 죄악이나 실패나 불행을 기뻐하지 않습니다. 사랑은 불의를 기뻐하지 않습니다.

3. 사랑은 진리와 함께 기뻐합니다

[고전 13:6] (사랑은)…**진리와 함께 기뻐하고**.

아가페 사랑은 불의를 기뻐하지 않는 데서 그치지 않습니다. 진리를 기뻐하는 데까지 나아갑니다. 불의를 기뻐하지 않는 것이 소극적이라면, 진리를 기뻐하는 것은 적극적입니다. 헬라어 원문 성경은 대조되는 이 두 구절을 '도리어'의 헬라어 '데'로 연결시키고 있습니다.

[고전 13:6] (사랑은) … 불의(不義)를 기뻐하지 아니하며 ('데': 도리어, but) 진리와 함께 기뻐하고.

진리와 함께 기뻐한다는 것은 두 가지로 살펴볼 수 있습니다.

1) 하나님의 진리를 받아들이고 순전하게 보전하는 데서 기쁨을 누립니다

성경에 보면 진리를 대적하는 자가 참 많이 있었습니다. 그들은 외적으로 볼 때는 하나님의 백성이었고, 심지어 종교 지도자도 있었습니다. 그럼에도 그들은 하나님이 보내신 참된 선지자들과 하나님의 사자(使者)들로부터 선포되는 하나님의 진리를 대적했습니다. 심지어 그들은 진리의 원천과 진리 그 자체인 예수 그리스도까지 대적했습니다. 그것은 그들이 하나님을 사랑하지 않았기 때문입니다.

하나님을 사랑하는 참된 사랑은 진리를 대적하지 않습니다. 아가페의 사랑은 하나님의 말씀 진리를 기쁨으로 받아들입니다. 그리고 그 진리를 지키고 순전하게 보전하면서 큰 기쁨을 누립니다. 왜냐하면, 삼위 하나님은 진리의 하나님이시기 때문입니다.

성경은 삼위 하나님이 진리의 하나님이심을 여러 곳에서 강조합니다. 무엇보다 성부 하나님이 "진리의 하나님"이십니다.

> [시 31:5] 내가 나의 영(靈)을 주의 손에 부탁하나이다 **진리의 하나님 여호와**여 나를 속량하셨나이다.

> [사 65:16] 이러므로 땅에서 자기를 위하여 복을 구하는 자는 **진리의 하나님**을 향하여 복을 구할 것이요 땅에서 맹세하는 자는 **진리의 하나님**으로 맹세하리니 ….

성자 예수 그리스도 역시 "진리"이십니다.

[요 14:6] 예수께서 이르시되 **내가** 곧 길이요 **진리요** 생명이니 나로 말미암지 않고는 아버지께로 올 자가 없느니라.

성령 하나님도 '진리'이십니다.

[요 15:26] 내가 아버지께로부터 너희에게 보낼 보혜사 곧 아버지께로부터 나오시는 **진리의 성령**이 오실 때에 그가 나를 증언하실 것이요.

[요 16:13] 그러나 **진리의 성령**이 오시면 그가 너희를 모든 진리 가운데로 인도하시리니 ….

[요 14:17] **그는**[성령은] **진리의 영이라** 세상은 능히 그를 받지 못하나니 이는 그를 보지도 못하고 알지도 못함이라 그러나 너희는 그를 아나니 그는 너희와 함께 거하심이요 또 너희 속에 계시겠음이라.

이렇게 삼위 하나님이 '진리'이시기에 우리는 사랑을 핑계로 진리를 거스를 수 없습니다. 사랑 없는 진리가 참된 진리일 수 없는 것처럼 진리 없는 사랑도 참된 사랑이 아닙니다. 성경은 사랑과 진리를 함께 똑같이 강조합니다.

[엡 4:15] 오직 사랑 안에서 참된 것을 하여 범사에 그에게까지 자랄지라 그는 머리니 곧 그리스도라.

성경은 예수 그리스도는 "은혜와 진리", 즉 '사랑과 진리'가 충만한 분이라고 말씀합니다.

> [요 1:14] 말씀이 육신이 되어 우리 가운데 거하시매 우리가 그의 영광을 보니 아버지의 독생자의 영광이요 **은혜와 진리가 충만하더라**.

그러기에 "은혜와 진리"는 오직 예수 그리스도로 말미암아 옵니다.

> [요 1:17] 율법은 모세로 말미암아 주어진 것이요 **은혜와 진리는 예수 그리스도로 말미암아 온 것이라**.

물고기가 물을 떠나서 살 수 없는 것처럼 사랑은 진리가 없는 곳에서는 존재할 수 없습니다. 참된 사랑 가운데 행하는 사람은 진리와 함께 기뻐하고 진리가 아닌 것은 기뻐하지 않습니다. 따라서 아가페 사랑은 진리가 아닌 것을 반대하며 때로는 진리를 위해 기꺼이 목숨까지 바칩니다.

순교자들이 하나님의 말씀 진리를 지키기 위해 기쁨으로 순교한 것은 하나님을 사랑했기 때문입니다. 하나님을 향한 사랑이 그들로 하여금 기꺼이 자기 목숨까지 바치면서 진리와 함께 기뻐하게 만들었던 것입니다.

중세 시대에 체코 보헤미아(Bohemia)의 개혁자로 "종교개혁의 샛별"(Morning Star of Religious Reformation)로 불리는 얀 후스(Jan Hus, 1372?-1415)라는 신실한 하나님의 사람이 있었습니다.

그는 중세 로마 천주교회가 하나님의 말씀 진리를 떠나 잘못된 길로 가고 있을 때 "로마 천주교회는 개혁되어야 한다"라고 외치다가 결국 붙잡혀 화형(火刑)을 당하게 되었습니다.

화형당하기 직전, 후스는 자기의 주장을 철회하면 풀어주겠다고 회유(懷柔)하는 집행관에게 화형 틀에 결박된 채 이렇게 외쳤습니다.

"나는 내가 지금까지 저술하고 내 입술로 전파한 진리를 나의 피로써 확증하게 된 것을 가장 기쁘게 생각합니다!"

죽음에 임한 후스의 얼굴은 마치 천사처럼 빛났으며 그는 불길에 완전히 휩싸일 때까지 주님의 자비하심을 간구했다고 합니다.

"사랑은 진리와 함께 기뻐한다"는 것은 이렇게 '참된 사랑은 하나님의 진리를 받아들이고 순전하게 보전하는 데서 기쁨을 누린다'는 의미입니다.

2) 진리이신 하나님께서 기뻐하시는 것을 함께 기뻐합니다

하나님께서 기뻐하시는 것은 크게 두 가지로 생각해 볼 수 있습니다.

첫째, 하나님께서는 잃어버린 영혼들이 구원받을 때 기뻐하십니다.

하나님께서는 잃어버린 영혼들이 회개하고 하나님 품으로 돌아올 때 가장 기뻐하십니다. 주님께서는 누가복음 15장에서 '잃은 양의 비유', '잃은 드라크마의 비유' 그리고 '탕자의 비유'를 통해 죄인 하나가 회개하고 돌아올 때, 하나님께서는 매우 기뻐하신다고 말씀하십니다.

> [눅 15:7] (잃은 양 비유) 내가 너희에게 이르노니 이와 같이 **죄인 한 사람이 회개하면 하늘에서는** 회개할 것 없는 의인 아흔아홉으로 말미암아 **기뻐하는 것보다 더** 하리라.

[눅 15:10] (잃은 드라크마 비유) 내가 너희에게 이르노니 이와 같이 **죄인 한 사람이 회개하면 하나님의 사자**(使者)**들**(천사들) **앞에 기쁨이 되느니라.**

[눅 15:22-24] [탕자 비유] 아버지는 종들에게 이르되 제일 좋은 옷을 내어다가 입히고 손에 가락지를 끼우고 발에 신을 신기라 그리고 살진 송아지를 끌어다가 잡으라 **우리가 먹고 즐기자** 이 내 아들은 죽었다가 다시 살아났으며 내가 **잃었다가 다시 얻었노라** 하니 그들이 즐거워하더라.

그러므로 진리와 함께 기뻐하는 사람은 하나님의 이 깊은 마음을 알기에 잃어버린 영혼들을 구원하는 일에 더욱 힘쓰게 됩니다. 따라서 우리가 열심히 전도하며 선교해야 할 가장 중요한 이유는 구원받지 못한 영혼들의 운명이 너무나 비참하기 때문만이 아닙니다. 더 중요한 이유가 있습니다. 그것은 잃어버린 영혼들을 구원하는 일이 하나님이 가장 기뻐하시는 일이기 때문입니다.

[딤전 2:4] 하나님은 모든 사람이 구원을 받으며 진리를 아는 데에 이르기를 원하시느니라.

[벧후 3:9] … 오직 주께서는 너희를 대하여 오래 참으사 **아무도 멸망하지 아니하고 다 회개하기에 이르기를** 원하시느니라.

이렇게 참된 사랑은 하나님께서 가장 기뻐하시는 잃어버린 영혼들을 구원하는 일에 힘쓰면서 하나님과 함께 기뻐합니다.

둘째, 하나님께서는 우리가 하나님의 말씀을 따라 행할 때 기뻐하십니다. 하나님께서는 우리가 진리를 알고 그 진리를 따라 행할 때 참으로 기뻐하십니다. 따라서 참된 사랑은 무엇보다 진리인 하나님의 말씀과 함께 기뻐합니다. 그래서 참된 사랑은 우리가 하나님의 말씀을 알고 행하는 것을 기뻐합니다.

주님께서 심히 기뻐하시는 것은 우리가 진리인 주님의 계명을 지키는 것입니다. 왜냐하면, 주님의 계명을 지키는 것은 바로 주님께 대한 우리 사랑의 진정한 표현이기 때문입니다.

> [요 14:15] 너희가 나를 사랑하면 나의 계명을 지키리라.

> [요 14:21] 나의 계명을 지키는 자라야 나를 사랑하는 자니 ….

> [요 14:23] … 사람이 나를 사랑하면 내 말을 지키리니 ….

이처럼 우리가 주님을 진정으로 사랑한다면 기쁨으로 주님의 계명을 지키게 됩니다. 그러므로 주님께 대한 우리 사랑의 가장 확실한 증거는 바로 주님의 말씀에 대한 '순종'입니다.

미국 회중교회의 목사였고, 영향력 있던 신학자였던 나다나엘 에몬스(Nathanael Emmons, 1745-1840)는 순종의 중요성을 이렇게 말했습니다.

> 하나님께 순종하는 것은 그분에 대한 우리의 신실하고 지고(至高)한 사랑의 가장 확실한 증거.

(Obedience to God is the most infallible evidence of our sincere and supreme love to him.)

그렇습니다. 하나님께 대한 우리의 신실하고 지고한 사랑의 가장 확실한 증거는 바로 하나님께 순종하는 것입니다. 진리인 주님의 계명을 지키며 진리와 함께 기뻐하는 것입니다. 이처럼 주님의 계명을 지키고 순종하는 것이 너무나 중요하고 아름다운 것이기에 종교개혁자 마틴 루터는 다음과 같이 말했습니다.

순종은 모든 덕행(德行)의 면류관이며 영예다.

사랑하는 여러분!
여러분은 진정으로 하나님을 사랑하십니까?
그렇다면 여러분은 자신이 하나님의 말씀을 알고 행하는 것을 심히 기뻐하게 됩니다. 그뿐만이 아닙니다. 다른 사람들이 진리인 하나님의 말씀을 알고 행하는 것을 보면서 심히 기뻐합니다. 사도 요한에게는 이런 넘치는 기쁨이 있었습니다.

[요이 1:4] 너의 자녀들 중에 **우리가 아버지께 받은 계명대로 진리를 행하는 자를 내가 보니 심히 기쁘도다.**

[요삼 1:3-4] 형제들이 와서 네게 있는 진리를 증언하되 **네가 진리 안에서 행한다** 하니 내가 심히 기뻐하노라 내가 내 자녀들이 진리 안에서 행한다 함을 듣는 것보다 더 기쁜 일이 없도다.

제8장 아가페 사랑의 특성(4)

사도 요한의 가장 큰 기쁨은 믿음의 자녀들이 진리 안에서 행한다고 함을 듣는 것이었습니다. 왜냐하면, 사도 요한이 믿음의 자녀들을 진정으로 사랑했기 때문입니다. 이처럼 아가페 사랑은 나 자신은 물론이고, 다른 사람들이 진리인 하나님의 말씀을 행하는 것을 보고 심히 기뻐합니다.

이처럼 참된 사랑은 하나님께서 기뻐하시는 것을 나도 함께 기뻐합니다. 그래서 하나님이 가장 기뻐하시는 영혼 구원에 힘씁니다. 그리고 나 자신이 기쁨으로 진리인 하나님의 말씀을 알고 행합니다. 그뿐만 아니라 다른 사람들이 진리인 하나님의 말씀을 알고 행하는 것을 보고 심히 기뻐합니다.

사랑은 진리와 함께 기뻐합니다.

사랑하는 성도 여러분!

사랑은 악한 것을 생각하지 않습니다. 사랑은 내게 악을 행하고, 깊은 상처를 주고, 나를 배반한 사람의 잘못과 죄악을 기억하지 않습니다. 그들을 용서하고 선대(善待)합니다. 또 사랑은 불의를 기뻐하지 않습니다. 사랑은 자신의 죄악이나 실패나 불행은 물론이고, 다른 사람들의 죄악이나 실패나 불행을 기뻐하지 않습니다.

또 사랑은 진리와 함께 기뻐합니다. 참된 사랑은 하나님의 진리를 받아들이고 순전하게 보전하는 데서 기쁨을 누립니다. 또한, 진리이신 하나님께서 기뻐하시는 것을 함께 기뻐합니다. 그래서 하나님께서 가장 기뻐하시는 영혼 구원에 힘쓰면서 기뻐합니다. 나 자신이 하나님의 말씀을 알고 행하는 것을 기뻐합니다. 그리고 다른 사람들이 진리인 하나님의 말씀을 알고 행하는 것을 보면서 기뻐합니다.

우리가 성령으로 충만하여 성령의 다스림과 인도하심을 받을 때 하나님의 아가페 사랑이 우리 안에 가득하여 우리 인격과 삶 속에 이러한 아가페 사랑의 특성이 풍성하게 나타나게 될 것입니다. 그러므로 날마다 하나님의 아가페 사랑을 사모하십시오. 그 사랑을 내게 풍성히 부어주시도록 간구하십시오. 그리고 끊임없이 성령께 여러분 자신을 드리고 여러분의 의지를 드리십시오.

그때 우리는 성령의 도우심으로 하나님의 아가페 사랑을 우리 삶의 현장인 가정과 직장과 교회와 사회에서 날마다 구체적으로 하나씩 하나씩 실천하며 살게 될 것입니다. 그래서 우리 자신이 복되고, 우리가 속한 공동체를 복되게 만들며, 무엇보다 하나님께 큰 영광을 돌리며 살게 될 것입니다.

제9장
아가페 사랑의 특성(5)

> [고전 13:7] (사랑은) 모든 것을 참으며 모든 것을 믿으며 ….

주님께서는 '참된 빛'이십니다. '참된 빛'이신 주님 안에 영원한 생명이 있습니다. 요한복음은 그 진리를 처음 시작부터 강조합니다.

> [요 1:4] 그 안에 생명이 있었으니 이 생명은 **사람들의 빛이라**.

> [요 1:9] 참 빛 곧 세상에 와서 각 **사람에게 비추는 빛**이 있었나니.

햇빛이 투명한 프리즘을 통과할 때 무지개빛의 아름다운 일곱 가지 색깔이 나타나듯이 '참 빛'이신 주님의 빛이 우리에게 비춰면 우리 안에는 주님의 생명이 약동(躍動)하기 시작합니다. 그래서 우리 인격과 삶 속에는 주님의 생명으로 인하여 주님을 닮은 사랑의 열매가 맺혀지기 시작합니다. 그 열매가 바로 사랑의 스펙트럼(Spectrum of Love), 15가지 아가페 사랑의 아름다운 특성입니다.

계속해서 사랑의 아름다운 특성들을 살펴보겠습니다.

1. 사랑은 모든 것을 참습니다

> [고전 13:7] (사랑은) 모든 것을 참으며 ….

'참는다'의 헬라어 '스테고'는 원래 '지붕'을 뜻하는 '스테게'에서 파생된 단어로 '덮어 준다, 보호한다, 지속한다'라는 의미가 있습니다. 현대 헬라어에서도 '지붕'을 가리키는 말로 쓰이고 있습니다. 이처럼 사랑은 서로에게 비바람과 풍파를 막아 주는 '지붕'과 같은 역할을 합니다.

바울 당시 '참는다'의 헬라어 '스테고'는 어떤 사람이 잘못했을 때 그 잘못한 것을 덮어 주고 그 잘못을 자기가 대신 짊어지면서 문제를 해결해 나갈 때 사용되던 단어였습니다. 그러므로 "모든 것을 참는다"라는 것은 단순히 참고 인내하는 것을 말하지 않습니다. 다른 사람들의 모든 약점과 허물과 잘못을 덮어 주고 감싸주면서 자기가 대신 짐을 져 주는 것을 가리킵니다. 이 단어의 시제가 현재형이기에, 끊임없이 참고 계속해서 덮어 주고 감싸 주면서 대신 짐을 져 주는 것을 의미합니다.

부패하고 타락한 인간의 마음은 다른 사람의 약점이나 허물이나 실수를 보았을 때 그것을 드러내어 비판하고 싶어 합니다. 다른 사람의 허물과 약점을 안타까워하기보다 오히려 그것을 즐깁니다. 그러나 참된 사랑, 아가페 사랑은 다른 사람들의 허물이나 잘못이나 실수를 드러내지 않고 오히려 덮어 주고 감싸 줍니다. 공개적으로 폭로하거나 꾸짖거나 하지 않고 은밀하게 고쳐 주고 바로 잡아 줍니다.

> [벧전 4:8] 무엇보다도 뜨겁게 서로 사랑할지니 **사랑은 허다한 죄를 덮느니라**.

> [잠 10:12] 미움은 다툼을 일으켜도 **사랑은 모든 허물을 가리느니라**.

> [잠 17:9] 허물을 덮어 주는 자는 사랑을 구하는 자요 그것을 거듭 말하는 자는 친한 벗을 이간하는 자니라.

그렇다면 우리는 어떻게 다른 사람의 허물을 덮어 주면서 고쳐 주고 바로잡아 주는 참된 사랑의 삶을 살 수 있습니까?

그것은 모든 것을 참으시면서 나를 대하시는 사랑의 하나님과 예수 그리스도를 기억하는 것입니다. 하나님께서는 내가 범죄하고 실수하고 잘못했을 때 그것을 공개적으로 드러내어 정죄하시기보다 오히려 덮어 주시고 감싸 주시면서 그 짐을 대신 짊어지십니다. 죄를 가려 주시면서 고쳐 주시는 것입니다. 하나님께서는 당신의 아가페 사랑을 친히 나타내 보여 주시기 위해서 독생자 예수 그리스도를 이 땅에 보내셨습니다.

그리스도께서는 자신의 생애 전체를 통해서 무엇보다 십자가를 통해서 하나님의 아가페 사랑을 실제로 분명히 보여 주셨습니다. 주님께서는 우리의 모든 허물과 죄악, 범죄, 잘못, 실수를 참아 주실 뿐만 아니라, 이 모든 짐을 대신 다 짊어지시고 친히 십자가에 달려 돌아가셨습니다.

> [사 53:5] 그가 찔림은 **우리의 허물 때문이요** 그가 상함은 **우리의 죄악 때문이라** ….

> [벧전 2:24] 친히 나무에 달려 **그 몸으로 우리 죄를 담당하셨으니**….

다윗은 예수 그리스도께서 태어나시기 약 천년 전의 사람이지만, 이런 놀라운 하나님의 사랑을 알았습니다. 그래서 그는 다음과 같이 고백할 수 있었습니다.

> [시 32:1] 허물의 사함을 받고 **자신의 죄가 가려진 자는 복이 있도다**.

> [시 68:19] 날마다 **우리 짐을 지시는 주** 곧 우리의 구원이신 하나님을 찬송할지로다.

다윗처럼 하나님의 놀라운 사랑을 체험한 사람은 모든 것을 참는 아가페 사랑의 삶을 살게 됩니다. 형제의 잘못이나 실수나 죄악을 볼 때 아파하며 그가 하나님 앞에 바로 설 수 있도록 기도하고 권면하며 함께 그 짐을 지는 것입니다. 그 사람이 바로 믿음이 강한 자이며 신앙이 성숙한 자입니다.

> [롬 15:1] 우리 강한 자가 마땅히 **연약한 자의 약점을 담당하고** 자기를 기쁘게 하지 아니할 것이라.

갈라디아서 6장에서 성경은 이렇게 권면합니다.

> [갈 6:1-2] 형제들아 **사람이 만일 무슨 범죄한 일이 드러나거든** 신령한 너희는 온유한 심령으로 그러한 자를 바로잡고 너 자신을 살펴보아 너도 시험을 받을까 두려워하라 너희가 짐을 서로 지라 그리하여 그리스도의 법을 성취하라.

형제가 범죄했을 때 함께 아파하며 서로 짐을 질 때 우리는 "서로 사랑하라"라는 '그리스도의 법(法)', '사랑의 법'을 성취하게 됩니다.
다음은 분당에 있는 선한목자교회 유기성 원로목사님의 『나는 죽고 예수로 사는 사람』에 나오는 내용입니다.

유기성 목사님이 목회하면서 터무니없는 소문에 애가 탔던 시간이 있었습니다. 너무 억울하고 분해서 제대로 숨을 쉴 수 없고 당장 소문을 낸 당사자를 찾아가 헛소문을 퍼뜨린 이유를 따지고, 개인적인 사과는 물론 공개적인 사과까지도 받아내고 싶었습니다. 하지만, 그것은 주님께서 원하시는 방법이 아니었습니다. 그렇게 괴로운 순간, 마음에 드는 생각이 있었습니다.
'바로 지금이 내가 죽어야 하는 때다!'
그렇지만 어떻게 죽어야 하는지 도무지 모르겠다고 도리질을 치며 무릎을 꿇고 기도하는데 그분 안에서 이런 고백이 터져 나왔습니다.
"하나님, 유기성은 죽었습니다. 하나님, 유기성은 이미 죽었습니다."
두 번, 세 번, 네 번 … 마치 실성한 사람처럼 계속 같은 고백을 했습니다. 열 번째 같은 고백을 반복하는 순간 죽음이 임하는 것이 느껴졌습니다. 그 죽음은 참으로 고요하고 평안했습니다. 숨을 쉴 수 없을 정도로 고통스러운 마음이 차분히 가라앉았습니다.

자신의 죽음을 믿음으로 받아들일 때 유 목사님은 주님께서 십자가에서 이루신, 주님과 함께 십자가에 못 박혀 죽은 것이 분명한 현실과 실재(實在, reality)가 되었음을 깊이 경험할 수 있었습니다. 이제 더 이상 자신 안에 미움도 섭섭함도 억울함도 분노도 남아 있지 않았습니다. 예수님 안에서 죽음이 임하여 정말 죽은 자로서 문제를 보게 된 것입니다.

그 순간 유 목사님은 비로소 기도하기 시작했습니다.

"주님, 이제 저에게 주님의 마음을 주십시오!"

그러자 갑자기 통곡이 터져 나왔습니다. 지금까지 그렇게 슬피 울어본 적이 없었고, 말할 수 없을 만큼 가슴이 아팠습니다. 울다가 지쳐서 탈진 상태에 이르렀을 때 의문이 떠올랐습니다

'내가 지금 왜 이렇게 울고 있지?'

그러자 주님께서 말씀하셨습니다.

"네가 나의 마음을 달라고 기도하지 않았느냐?"

유기성 목사님은 그제서야 우리를 바라보시는 주님의 사랑과 긍휼의 마음을 알게 되었습니다. 헛소문을 퍼뜨려 교회를 혼란스럽게 하는 교인을 바라보시며 통곡하시고, 또 그런 교인을 향해 분노하는 목사를 바라보시면서 통곡하시는 주님의 마음을 알게 된 것입니다. 그 사건을 통해 유 목사님은 하나님 앞에서 끊임없이 죄를 짓는 우리를 향한 주님의 마음은 '분노'가 아닌 '슬픔'인 것을 알게 되었습니다.

교회 안에서조차 서로 헐뜯고, 상처 주고, 자기를 주장하며 살아가는 우리를 보시는 주님의 마음은 깊은 슬픔과 안타까움으로 가득한 사랑과 긍휼

의 마음이었습니다. 유 목사님은 자아가 죽고 나서야 비로소 주님의 그 마음을 알게 되었습니다. 죽지 않았다면 죽어도 몰랐을, 주님의 아가페 사랑의 마음, 깊은 긍휼의 마음을 알게 된 것입니다.

사랑은 모든 것을 참습니다.

2. 사랑은 모든 것을 믿습니다

[고전 13:7] (사랑은) … 모든 것을 믿으며 ….

"모든 것을 믿는다"의 헬라어 '판타 피스튜에이'는 '그 어떠한 상황 속에서도 결코 믿음을 잃지 않고 신뢰하는 것'을 의미합니다. 이 단어의 시제 역시 현재형이기에, 어떤 상황 가운데서도 좌절하지 않고 적극적이며 계속적으로 신뢰하는 것을 의미합니다.

'사랑은 모든 것을 믿는다'라는 말은 두 가지 의미로 생각할 수 있습니다.

첫째, 하나님과의 관계 속에서 모든 것을 믿는다는 의미입니다

하나님을 사랑하는 사람은 그 어떠한 상황에서도 하나님을 믿습니다. 그 어떠한 처지에서도 하나님을 온전히 신뢰하며 하나님의 약속을 굳게 붙잡습니다.

다니엘의 세 친구 사드락, 메삭, 아벳느고가 극렬한 풀무 불의 위협 앞에서도 신앙의 절개를 굳게 지킨 이유가 무엇입니까?

그들이 하나님을 진심으로 사랑했기 때문입니다. 하나님을 향한 불타는 사랑이 자신들의 생명을 기꺼이 내어놓으면서 신앙의 절개를 굳게 지키도록 만들었습니다.

다니엘이 사자 굴의 위협 앞에서도 굴하지 않고 예루살렘을 향해 창문을 열어놓고 전에 행하던 대로 하루 세 번씩 무릎을 꿇고 기도하며 하나님께 감사한 이유가 무엇입니까?

그가 진심으로 하나님을 사랑했기 때문입니다. 하나님을 향한 다니엘의 사랑이 죽음의 위협 앞에서도 하나님을 굳게 신뢰하도록 했습니다. 이처럼 하나님을 사랑하는 사람은 그 어떠한 상황 속에서도 결코 믿음을 잃지 않고 하나님과 그분의 말씀을 굳게 신뢰합니다.

미국의 제16대 대통령, 에이브러햄 링컨(Abraham Lincoln, 1809-1865)이 가장 좋아했던 성경 구절이 로마서 8장 28절이었습니다. 그가 어머니의 무릎에서 배웠던 이 성경 구절이 링컨의 평생을 지배했습니다.

> [롬 8:28] 우리가 알거니와 **하나님을 사랑하는 자**, 곧 그의 뜻대로 부르심을 입은 자들에게는 모든 것이 합력하여 선을 이루느니라.

> 실패도, 절망도, 좌절도, 아픔도, 고통도, 상처도, 이 모든 것이 하나님을 사랑하는 자들에게는 합력하여 선을 이룬다.

이것이 일평생 동안 흔들리지 않는 링컨의 신앙고백이었습니다. 링컨처럼 수많은 실패와 좌절과 절망과 아픔을 겪은 사람도 찾아보기가 심히 어렵습니다.

그는 가난한 농부의 아들로 태어나 일찍 어머니를 여의었고, 어릴 때 매우 가난하여 주로 농장에서 일을 도우며 자랐습니다. 그는 거의 독학(獨學)으로 공부했습니다. 게다가 결혼하여 네 명의 자녀를 두었지만, 그중 두 명이 어린 나이에 사망하여 링컨에게 큰 슬픔을 안겨다 주었습니다.

그뿐만 아니라 22살 때 처음으로 시작한 사업에서 보기 좋게 실패합니다. 23세에 지방 의회 의원 선거에 입후보했지만, 낙선합니다. 24세에 다시 사업에 도전했지만, 또 실패합니다. 27세에는 신경 쇠약과 정신분열증으로 시달림을 받기 시작합니다. 34세에 지방 의회 의원 선거에 다시 도전하지만, 또 실패합니다.

38세에 하원 의원 선거에 도전했지만 낙선합니다. 43세에 재차 하원 의원 선거에 도전했지만, 또 낙선합니다. 46세에 상원 의원 선거에 도전했지만 낙선합니다. 47세 되던 해 부통령 선거에 도전했지만 낙선합니다. 49세 되던 해 또다시 상원 의원 선거에 재도전했지만 낙선합니다.

그러나 링컨은 오뚜기처럼 다시 일어나 마침내 51세 되던 해인 1860년, 미국 대통령에 당선되어 미국 역사상 가장 위대한 대통령이 되었습니다.

링컨이 이렇게 계속되는 실패 속에서도 굴하지 않고 백절불굴(百折不屈)의 삶을 산 이유가 어디에 있습니까?

링컨이 하나님을 사랑했기 때문입니다. 그러기에 그는 어떠한 상황 속에서도 믿음을 잃지 않고 하나님을 굳게 신뢰했습니다.

> … 하나님을 사랑하는 자 곧 그의 뜻대로 부르심을 입은 자들에게는 모든 것이 합력하여 선을 이루느니라 (롬 8:28).

이 약속의 말씀을 굳게 신뢰하며 앞을 향해 나아갔습니다. 이처럼 사랑은 모든 것을 믿습니다.

둘째, 이웃들과의 관계 속에서 모든 것을 믿는다는 의미입니다.

어떤 학자는 여기 '믿는다'라는 말을 '이웃에게 속는 줄 알면서도 그에 대한 궁극적인 신뢰의 자세를 포기하지 않는 믿음'이라고 설명했습니다. 참된 사랑은 언제나 다른 사람에 대한 희망과 최선의 가능성을 믿습니다. 최악의 상황 속에서도 다른 사람의 최선을 믿는 것입니다.

성 어거스틴(St. Augustinus, 354-430)은 어려서부터 총명해서 글공부를 잘했지만, 믿음은 없었습니다. 그는 젊은 시절을 방탕 속에서 보냈습니다. 경건한 믿음의 어머니 모니카(Monica, 332-387)에게는 아들의 이런 모습이 언제나 큰 고통이었습니다.

모니카는 아들이 회개하고 하나님께 돌아오기를 10년이 넘도록 하나님 앞에 끊임없이 눈물을 흘리며 간절히 기도했습니다. 그러나 어거스틴은 아무런 변화가 없었고 나중에는 이탈리아로 몰래 떠나버렸습니다. 그 모습을 본 이웃 사람들은 모니카에게 아들 하나 없는 셈 치고 포기하라고 권면했습니다. 그럴 때마다 모니카는 이웃들에게 또렷한 어조로 말했습니다.

"그 애는 반드시 하나님께로 돌아올 겁니다. 저는 이 사실을 분명히 믿습니다."

모니카의 이런 믿음이 어디서부터 나온 것입니까?

모니카가 어거스틴을 진정으로 사랑했기 때문입니다. 그래서 다른 모든 사람이 어거스틴을 포기했지만, 모니카는 절대 포기하지 않고 그 아들이 언젠가는 반드시 돌아올 것을 분명히 믿고 있었습니다. 이렇게 최악의 상황 속에서도 최선을 기대하는 아가페의 사랑이 어거스틴으로 하여금 하나님 앞으로 돌아오도록 만들었습니다.

결국, 탕자 어거스틴은 기독교 이천 년 역사상 가장 위대한 성 어거스틴이 되었습니다. 그리고 그는 사도 바울 이래 가장 위대한 하나님의 사람으로 하나님께 귀하게 쓰임을 받았습니다.

우리에게도 이런 아가페의 사랑이 필요합니다. 최악의 상황 속에서도 다른 사람들의 최선을 믿는 참된 사랑이 우리에게도 필요합니다. 우리 가족, 믿음의 형제, 이웃, 직장 동료 가운데는 인간적인 눈으로 볼 때는 도저히 가망이 없어 보이고, 믿고 신뢰할 수 없는 사람이 있습니다.

저도 목회하면서 그런 분들을 만납니다. 그래서 때론 그분들을 포기하고 싶은 마음이 들기도 하고, 또 실제로 포기하기도 합니다. 언젠가 아내에게 이런 얘기를 한 적이 있습니다.

"여보, 그분은 변화되지 않을 거예요. 변화될 수가 없어요. 나는 그분을 포기했어요."

그런데 하나님께서는 그런 분들까지 놀랍게 변화시키십니다. 그래서 깜짝 놀라면서 고백합니다.

"하나님, 어떻게 저런 분들이 변화됩니까?

하나님, 놀랍습니다. 하나님은 정말 대단하십니다!"

따라서 우리는 어떤 사람이라도 변화될 수 있다는 사실을 부인하거나 또 포기해서도 안 됩니다. 그들도 하나님께서 은혜를 베푸시면 그리스도의 보혈과 성령의 역사로 거듭나서 변화되어 새로운 사람이 될 수 있다는 사실을 믿어야 합니다.

그들도 하나님의 아가페 사랑을 체험하게 되면 하나님이 기뻐하시는 사람이 될 수 있다는 사실을 믿어야 합니다. 그래서 그들에 대한 궁극적인 신뢰의 자세를 포기하지 않아야 합니다. 이것이 바로 참된 사랑입니다.

사랑은 모든 것을 믿습니다.

사랑하는 성도 여러분!

사랑은 모든 것을 참습니다. 참된 사랑은 다른 사람들의 허물과 잘못과 실수와 약점을 드러내지 않고 오히려 덮어 주고 감싸 줍니다. 꾸짖거나 야단치지 않고 사랑과 긍휼의 마음으로 은밀하게 고쳐 주고 바로 잡아 줍니다. 또, 사랑은 모든 것을 믿습니다. 참된 사랑은 어떤 상황 속에서도 믿음을 잃지 않고 하나님을 더욱 의뢰하고 그분의 말씀을 굳게 신뢰합니다.

그리고 참된 사랑은 언제나 최악의 상황 속에서도 다른 사람에 대한 희망을 포기하지 않고 최선의 가능성을 믿습니다. 비록 도저히 가망이 없는 사람처럼 보여도 절대 그들을 포기하지 않습니다. 하나님께서 불쌍히 여기셔서 그들에게 은혜를 주시면 하나님이 기뻐하시는 사람으로 변화될 수 있다는 확신을 끝까지 포기하지 않습니다. 그래서 그들을 위해 계속해서 간절히 기도하며 기다리고, 또 기다립니다.

이렇게 참된 사랑은 모든 것을 참고, 모든 것을 믿습니다. 아멘!

제10장
아가페 사랑의 특성(6)

> [고전 13:7하] (사랑은) … 모든 것을 바라며 모든 것을 견디느니라.

주님은 참된 빛이십니다. 참된 빛이신 주님께서 당신의 빛을 우리에게 비추시면 우리 인격과 삶 속에 주님을 닮은 아름다운 사랑의 열매가 맺히기 시작합니다. 그 열매가 바로 사랑의 15가지 아름다운 인격적 특성입니다.

다음은 그동안 살펴본 열세 가지의 특성입니다.

① 사랑은 오래 참습니다.
② 사랑은 온유합니다.
③ 사랑은 시기하지 않습니다.
④ 사랑은 자랑하지 않습니다.
⑤ 사랑은 교만하지 않습니다.
⑥ 사랑은 무례하게 행하지 않습니다.

⑦ 사랑은 자기의 유익을 구하지 않습니다.
⑧ 사랑은 성내지 않습니다.
⑨ 사랑은 악한 것을 생각하지 않습니다.
⑩ 사랑은 불의를 기뻐하지 않습니다.
⑪ 사랑은 진리와 함께 기뻐합니다.
⑫ 사랑은 모든 것을 참습니다.
⑬ 사랑은 모든 것을 믿습니다.

이제 사랑의 15가지 아름다운 특성 가운데서 마지막 두 가지를 살펴보려고 합니다.

1. 사랑은 모든 것을 바랍니다

[고전 13:7] (사랑은) ⋯ 모든 것을 바라며 ⋯.

여기서 "바라며"는 앞에 나온 "참으며"와 "믿으며"보다 더 적극적인 의미입니다. "모든 것을 바란다"의 헬라어 '판타 엘피제이'는 '그 어떤 상황 속에서도 소망을 잃지 않고 끝까지 기대하면서 기다리는 것'을 의미합니다. 즉, 미래의 복된 상태에 대한 적극적인 희망과 간절한 소망을 가지고 있는 것을 가리킵니다.

이 단어의 시제가 현재형이기에, 끊임없이 계속해서 바라는 것을 의미합니다. 여기서 "바란다"라는 것은 맹목적인 낙천주의나 낙관주의를 가리키는 것이 아닙니다. 하나님의 아가페 사랑과 그분의 약속에 근거하여 궁극적으로 승리할 것을 믿으면서 소망하는 것입니다.

유명한 설교가 '필립 브룩스'(Philip Brooks, 1835-1893)는 다음과 같이 인간을 세 종류로 분류했습니다.

첫 번째는 피상적인 낙관주의자(the shallow optimists)입니다.
두 번째는 염세주의자(the pessimists)입니다.
세 번째는 참된 낙관주의자(the real optimists)입니다.

피상적인 낙관주의자는 매사를 좋게만 봅니다. 그는 인생을 즐겁고 아름답고 행복한 것으로만 생각합니다. 반면에 염세주의자는 매사를 나쁘게만 봅니다. 그는 인생을 힘들고 고달프고 괴로운 것으로만 생각합니다. 그러나 참된 낙관주의자는 자신이나 인생을 보면서는 좌절하고 비관하지만, 주님을 보면서 용기를 얻고 낙관적으로 인생을 살아갑니다.

하나님의 아가페 사랑을 알고 경험한 그리스도인이 바로 참된 낙관주의자입니다. 우리는 무턱대고 우리 인생을 좋게 보면서 낙관하는 피상적인 낙관주의자가 아닙니다. 그렇다고 해서 우리는 무조건 우리 인생을 비관적으로만 보는 염세주의자도 아닙니다.

우리는 나 자신이나 다른 사람 또는 주위 형편을 보면서 좌절하고 낙심하고 비관하기도 하지만, 그 속에 그냥 머물러 있지 않습니다. 오히려 그 때문에 주님을 더 가까이하고 더 간절히 찾습니다. 주님을 더욱 의지하고 그 주님을 꽉 붙잡습니다. 결국, 우리는 주님 때문에 어떠한 상황 속에서도 낙심과 비관 속에 빠져 있지 않고 참 소망을 품은 참된 낙관주의자로 인생을 살게 됩니다.

이에 대해 성경은 다음과 같이 말씀합니다.

> [롬 8:28] 우리가 알거니와 **하나님을 사랑하는 자**, 곧 그의 뜻대로 부르심을 입은 자들에게는 모든 것이 합력하여 선을 이루느니라.

이러한 흔들리지 않는 견고한 하나님의 약속이 있기에 우리는 어떤 상황 속에서도 하나님의 약속을 견고히 붙잡고 참 소망 가운데서 살아갈 수 있습니다. 그것은 하나님의 약속은 거짓됨이 없으시고 영원히 불변하시기 때문입니다.

> [고후 1:20] 하나님의 약속은 얼마든지 그리스도 안에서 예가 되니 그런즉 그로 말미암아 **우리가 아멘 하여** 하나님께 영광을 돌리게 되느니라.

그렇게 우리가 하나님의 약속을 굳게 붙잡고 참 소망을 가지고 살아갈 때 그 소망은 튼튼하고 견고한 우리 영혼의 닻이 됩니다.

> [히 6:19] 우리가 이 소망을 가지고 있는 것은 영혼의 닻 같아서 튼튼하고 견고하여 ….

그러므로 로마서 8장 28절의 하나님의 약속처럼 하나님의 뜻을 따라 하나님의 자녀로 부르심을 입은 자들에게 찾아오는 모든 상황과 형편은 현재에 보기에는 심히 괴롭고 고통스러우며 불행한 일 같아도 결국 하나님의 선을 이루는 놀라운 '축복의 도구'가 됩니다. 그 사실을 분명히 확신하고 사는 사람은 심지어 고난 가운데서도 좌절하지 않고 기뻐합니다. 환난 중에서도 낙심하지 않고 즐거워합니다.

[롬 5:3-4] 다만 이뿐 아니라 **우리가 환난 중에도 즐거워하나니** 이는 **환난은** 인내를, 인내는 연단을, 연단은 **소망을 이루는 줄 앎이로다.**

환난은 인내를 이룹니다. 그리고 인내는 연단을 이룹니다. 연단은 소망을 이룹니다. 이것은 '환난 → 인내 → 연단 → 소망'으로 설명할 수 있습니다. 이처럼 환난이 가져오는 최대의 유익은 소망을 배운다는 것입니다. 결국, 환난은 우리의 소망을 이루는 도구가 됩니다. 그래서 우리는 소망 때문에 환난 중에서도 즐거워하는 것입니다. 미래에 대한 참된 소망은 우리 현재의 삶까지 활력 있게 만들기 때문입니다.

[롬 5:3-4] … 우리가 환난 중에도 즐거워하나니 이는 환난은 … 소망을 이루는 줄 앎이로다.

그렇다면 우리가 환난 때문에 고통을 당하면서도 소망을 가질 수 있는 이유가 무엇입니까?

그것은 하나님의 아가페 사랑 때문입니다. 이처럼 소망의 원천은 바로 하나님의 아가페 사랑입니다. 우리가 참 소망 가운데 살 수 있는 것은 성령으로 말미암아 우리 마음에 하나님의 사랑이 부어졌기 때문입니다.

[롬 5:5] **소망이 우리를 부끄럽게 하지 아니함은** 우리에게 주신 **성령으로 말미암아 하나님의 사랑이 우리 마음에 부은 바 됨이니.**

우리 마음에 있는 하나님의 사랑이 소망의 삶을 살게 합니다. 우리가 거듭나서 하나님의 자녀가 된 순간, 성령을 통하여 우리 마음에 하나님의 사랑이 부어졌습니다. 우리 마음에 있는 이 하나님의 사랑이 '산 소망'(a living hope)을 가지고 이 세상을 살아가도록 만듭니다.

우리의 소망은 살아 있는 '산 소망'이기에 죽음도 우리의 소망과 간절한 기대를 소멸시킬 수 없습니다. 그것은 우리 소망의 궁극적인 성취가 죽음을 건너뛴 하늘나라에 있기 때문입니다.

베드로전서 1장 3-4절에 나오는 베드로의 고백을 들어보십시오.

[벧전 1:3-4] 우리 주 예수 그리스도의 아버지 하나님을 찬송하리로다 그의 많으신 긍휼대로 예수 **그리스도를 죽은 자 가운데서 부활하게 하심으로 말미암아 우리를 거듭나게 하사 산 소망이 있게 하시며** 썩지 않고 더럽지 않고 쇠하지 아니하는 유업을 잇게 하시나니 곧 너희를 위하여 하늘에 간직하신 것이라.

그러므로 하나님의 아가페 사랑이 마음에 충만한 사람은 어떤 상황 속에서도 낙심하거나 미리 포기하지 않습니다. 그는 최악의 상황 속에서도 최선을 기대하며 소망합니다. 왜냐하면, 하나님께서는 당신의 영광과 우리의 참된 유익을 위해 "모든 것을 합력하여 선을 이루실 것"을 그가 굳게 믿고 확신하기 때문입니다(롬 8:28). 이렇게 하나님의 아가페 사랑 안에 있는 그리스도인의 소망은 가장 분명하고 확실하고 명백합니다.

따라서 우리는 어떤 형편에 처할지라도 좌절하거나 낙망하거나 불안해할 필요가 없습니다. 그것은 하나님의 아가페 사랑이 우리 마음에서 낙심과 불안을 몰아내고 확신과 견고한 소망을 가져다주기 때문입니다. 하나님의 아가페 사랑으로 충만한 사람은 어떤 상황 가운데서도 기대와 소망을 가지고 기뻐하며 삽니다.

유대인으로 신경학자며 심리학자인 빅터 E. 프랭클(Viktor Emil Frankl, 1905-1997)이 쓴 『죽음의 수용소에서』(Man's Search for Meaning)라는 유명한 책이 있습니다. 홀로코스트의 생존자인 프랭클은 제2차 세계대전 중에 유대인이라는 이유로 아우슈비츠 수용소를 비롯한 네 곳의 수용소에서 3년을 죄수로 보내면서 그곳에서의 경험을 토대로 이 책을 썼습니다.

다음은 이 책에 있는 한 예화입니다.

1944년 크리스마스 전후(前後)와 1945년 신년 연휴 전후(前後)에 수용소에 수감되어 있던 유대인들이 갑자기 많이 죽었습니다. 그런데 전염병이 돌거나 가스실에 끌려갔기 때문에 죽은 것이 아니었습니다. 그들은 크리스마스가 다가오자 '이번 크리스마스에는 석방되어 집으로 돌아갈 수 있겠지' 하는 마음을 갖고 있었습니다.

하지만, 크리스마스가 지나가도 석방될 기미가 전혀 보이지 않자, '이번 크리스마스도 강제 수용소에서 지내는구나'라며 심히 절망해 버렸고, 삶의 희망과 소망이 다 사라져 마음에 병이 들었습니다. 자포자기(自暴自棄)한 마음은 삶의 의욕을 잃게 했고 결국, 소망을 완전히 상실한 절망적인 마음은 목숨까지 앗아가는 불행한 결과를 가져오고 말았습니다.

그런데 참으로 안타까운 사실은 강제 수용소에 있었던 많은 유대인이 죽은 지 4개월 후 히틀러가 연합군에 항복했고 전쟁은 끝이 났습니다. 그들이 비록 크리스마스를 여전히 수용소에서 보냈다 할지라도 다음 해인 1945년 크리스마스를 생각하면서 좀 더 참고 인내했으면 그들의 운명은 완전히 달라졌을 것입니다.

미국 무디신학교의 학장이었던 조지 스위팅 목사님(George Sweeting, 1924-)은 소망의 중요성에 대해 이렇게 말합니다.

> 사람은 사십 일을 먹지 않고도 살 수 있고, 삼 일 동안 물을 마시지 않고도 살 수 있으며, 8분간 숨을 쉬지 않고도 살 수 있다고 한다. 그러나 희망없이는 단 2초도 살 수 없다.
> (A man can live without eating for 40 days, drinking for 3 days. breathing for 8 minutes, but without hope, he can't last over 2 seconds.)

1961년 9월 30일, 이날은 이화여대 초대 총장이었던 김활란 박사(1899-1970)가 이임(離任)하는 날이었습니다. 이임식장의 분위기는 매우 침통했고 식장 이곳저곳에서는 그의 이임을 아쉬워하는 흐느낌 소리가 흘러나왔습니다. 마침내 김활란 박사는 이임사(離任辭)를 하기 위해 단상에 올랐습니다. 그런데 김활란 박사는 단상에 오르자마자 갑자기 민요를 부르기 시작했습니다.

"내가 가면 아주 가며 아주 간들 잊을쏘냐. 늴리리야, 늴리리야 니나노 얼씨구나 좋다."

그 순간 침통했던 장내는 갑자기 웃음바다가 되고 말았습니다. 이어서 그는 담담하게 이임사를 낭독했습니다.

그리고 그의 연설은 다음과 같은 말로 마무리되었습니다.

"시인 로버트 브라우닝(Robert Browning, 1812-1889)의 시 가운데는 이런 구절이 있습니다.

가장 좋은 것은 앞날에 있네. 맨 처음의 일은 오직 그것을 위하여 있나니!

지금 나의 경우가 그렇습니다. 나 역시 학교를 그만두는 것이 아쉽지만 이것으로 인생을 끝내는 것은 결코 아닙니다. 나는 다만 더욱 나은 미래를 향해 전진하기 위해서 떠나갑니다."

김활란 박사가 이화여대에서 정년퇴직한 후 9년이 지난 어느 날, 신촌 이화여대 앞에 하얀 배꽃이 만발(滿發)했습니다. 눈이 부실 정도로 온 천지가 하얗게 변했습니다. 그곳에 배나무가 많이 있어서 그런 것이 아니었습니다. 이화여대 총장을 지냈던 고(故) 김활란 박사 발인을 위해 이화여대 학생들이 배꽃처럼 하얗게 소복으로 차려 입은 것입니다. 학교장(學校葬)으로 관을 들고 나가는 그 모습이 얼마나 엄숙하고 장엄하든지 길 가던 사람들이 모두 옷깃을 여미고 기침 소리 하나 내지 않고서 그 모습을 조용히 쳐다보고 있었습니다.

그런데 놀라운 것은 학생들이 김활란 박사의 관을 따라가면서 장송곡(葬送曲)을 부르는 것이 아니라 오히려 환송곡(歡送曲)을 부르고 있었습니다. 헨델의 메시아에 나오는 〈할렐루야〉를 모두가 힘차게 합창하고 있었습니다.

김활란 박사는 세상을 떠나기 전, 그의 죽음을 슬퍼하는 사람들을 향해 이렇게 말했습니다.

> 울지 말어. 나는 내 인생을 헛살지 않았어. 값있게 살았어. 나는 이제 내 할 일을 다 마치고 내 아버지 집으로 가는 거야. 그러니 내가 죽거들랑 장송곡을 부르지 말고, 헨델의 〈할렐루야〉를 멋지게 불러줘.

이 말을 마지막으로 그는 숨을 거두었습니다. 그곳에 모인 친지들과 제자들은 모두가 눈물을 훔치면서 찬송을 불렀습니다.

> 시온의 영광이 빛나는 아침
> 어둡던 이 땅이 밝아 오네
> 슬픔과 애통이 기쁨이 되니
> 시온의 영광이 비쳐 오네
> 〈찬송가 550장〉 시온의 영광이 빛나는 아침 中

이렇게 우리가 하나님의 아가페 사랑으로 충만하면 죽음을 앞두고 슬픔과 아쉬움과 허무와 곤고(困苦)할 수밖에 없는 상황에서도 더 나은 미래를 바라고 기대하며 살게 되고, 산 소망 가운데서 죽게 됩니다.

사랑은 모든 것을 바랍니다.

2. 사랑은 모든 것을 견딥니다

[고전13:7] …[사랑은] 모든 것을 견디느니라.

'견딘다'의 헬라어 '휘포메네이'는 '휘포'(~아래, ~밑에)라는 단어와 '메네이'(버틴다, 남는다)라는 단어를 합친 합성어입니다. '~아래에서 버틴다, ~아래에서 남는다'라는 뜻이기에 '끝까지 버티면서 남는다'라는 의미입니다.

이 단어는 4절에 나오는 "사랑은 오래 참고"라는 단어와 그 의미에 있어 차이가 있습니다. 4절에 나오는 '오래 참음'의 헬라어 '마크로두메이'는 언제나 인간관계에서만 사용됩니다. 즉, 사람에 대해 참고 인내할 때 '오래 참음'이라는 '마크로두메이'를 사용했습니다.

반면에 여기서 사용된 "모든 것을 견딘다"라는 '휘포메네이'는 사물이나 상황에 대해서 참고 인내하는 것을 가리킵니다. 이 단어는 지금까지 사용된 '참음'이라는 단어보다도 그 의미가 훨씬 더 강력한 단어입니다. 이것은 고난과 역경이 닥칠 때 수동적으로, 소극적으로 참고 견디는 것을 가리키지 않습니다. 간절히 바라면서 참는, 능동적이고 적극적으로 참고 견디는 것을 가리킵니다.

고난과 시련이 찾아올 때 마지못해 어쩔 수 없이 수동적으로, 소극적으로 견디는 것이 아닙니다. 고난과 시련을 영광과 축복으로 변화시키고자 하는 백절불굴(百折不屈)의 신앙과 정신으로, 능동적이고 적극적으로 견디는 것을 의미합니다. 온갖 환경의 압박감 아래에서도 흔들림 없이 꿋꿋이 버티고 서있는 것입니다. 비록 소망이 끊어질지라도 여전히 참고 견뎌 내는 것입니다.

그리스도인의 소망은 가장 분명하고 확실하고 명백한 것입니다. 그러나 그렇게 분명하고 확실하고 명백한 소망이 사라진다고 해도 하나님의 아가페 사랑에 사로잡힌 사람은 여전히 견고하게 버티고 서 있을 수 있습니다. 모두가 떠나가고, 모든 것이 변해도 여전히 그는 변하지 않고 남아 있습니다. 그래서 어떤 분은 이 구절을 이렇게 설명했습니다.

"사랑은 모든 것에도 불구하고 여전히 남아 있습니다."

그러므로 이 세상에서 가장 강력하고 끈질긴 것은 바로 아가페 사랑입니다. 아가페 사랑은 끝까지 견딥니다. 아가페 사랑은 모든 것이 사라지고, 떠나가고, 변해도, 결코 사라지지 않습니다. 결코 떠나가지 않습니다. 결코 변하지 않습니다. 참된 사랑은 그 어떠한 역경이나 시련이나 환난도 다 견뎌 낼 수 있습니다. 인간적인 모든 희망이 사라진 후에도 하나님의 아가페 사랑, 참된 사랑은 끝까지 남습니다. 끝까지 우리와 함께합니다. 이처럼 하나님의 아가페 사랑은 온 세상에서 가장 끈질긴 것입니다.

> **[롬 8:35-39] 누가 우리를 그리스도의 사랑에서 끊으리요** 환난이나 곤고나 박해나 기근이나 적신이나 위험이나 칼이랴…그러나 이 모든 일에 우리를 사랑하시는 이로 말미암아 우리가 넉넉히 이기느니라 내가 확신하노니 **사망이나 생명이나 천사들이나 권세자들이나 현재 일이나 장래 일이나 능력이나 높음이나 깊음이나 다른 어떤 피조물이라도 우리를 우리 주 그리스도 예수 안에 있는 하나님의 사랑에서 끊을 수 없으리라.**

하나님의 사랑과 그리스도의 사랑은 온 세상에서 가장 강력하고 가장 적극적이며 가장 낙관적입니다. 그래서 우리를 그 사랑에서 끊을 수 있는 것은 이 세상에 그 어떤 것도 없습니다. 아무것도 없습니다. 환난도, 곤고도,

박해도, 기근도, 적신도, 위험도, 칼도 우리를 하나님의 사랑에서 끊을 수 없습니다. 사망도, 생명도, 천사도, 권세자도, 현재 일도, 장래 일도, 능력도, 높음도, 깊음도, 다른 어떤 피조물도 우리를 하나님의 사랑에서 결코 끊을 수 없습니다.

우리는 미국 '건국의 선조'(Pilgrim Fathers)인 청교도들의 모습을 통해 이 사실을 분명히 확인할 수 있습니다. 청교도들은 신앙의 자유를 찾아 생명을 걸고 180톤의 작은 배에 몸을 실었습니다. 102명의 청교도는 1620년 9월 16일 '메이플라워호'(Mayflower)를 타고 영국을 떠나 66일간의 항해 끝에 혹독한 겨울인 1620년 12월 21일 매사추세츠주 플리머스(Plymouth)에 도착했습니다.

그들은 해안에 상륙하자마자 제일 먼저 통나무를 잘라 교회를 세웠습니다. 그리고 학교를 세웠습니다. 추위와 역병으로 고생하는 가운데 이듬해 가을까지 46명이 괴혈병과 폐렴으로 죽어갔습니다. 그러나 살아남은 사람들은 결코 포기하지 않았습니다. 그들은 수많은 고통과 슬픔과 불행을 견디면서 나무를 자르고 땅을 파고 씨를 뿌렸습니다. 피땀 흘리면서 수고하고 노력했습니다. 그것은 그들 속에 하나님의 아가페 사랑이 살아서 역사(役事)하고 있었기 때문입니다. 참된 사랑이 그들을 사로잡고 있었기 때문입니다.

결국, 그들은 1621년 가을 추수 후 눈물과 감격 속에서 하나님께 추수감사예배를 드렸습니다. 이것이 바로 미국 '추수감사절'의 시작입니다. 그후 그들은 계속되는 역경과 시련과 환난 속에서도 결코 굴하지 않고 끝까지 견디면서 놀라운 신앙의 부흥을 경험했고, 하나님을 영화롭게 했습니다. 그리고 하나님께서 넘치도록 부어주시는 은혜를 체험하며 북미 대륙에 세계의 새로운 최강국을 건설하는 위대한 영광을 맛볼 수 있었습니다.

이렇게 하나님의 아가페 사랑은 이 세상에서 가장 강력하고, 가장 적극적이며, 가장 끈질긴 것입니다. 그러므로 이 사랑 안에 있는 그리스도인들도 역시 그 어떠한 환난과 역경과 고통 속에서도 좌절과 낙심 속에 빠져 있지 않습니다. 끝까지 참고 마지막까지 견딥니다. 인생의 어둡고 캄캄한 한밤중에도, 극심한 고난의 폭풍우와 엄청난 환란의 비바람 속에서도 벌떡 일어나 하늘을 바라보면서 하나님을 찬양하며 그분께 감사드립니다.

저는 얼마 전에 튀르키예의 이스탄불 근교에서 이란과 튀르키예 사역자들을 위한 '성경적 내적치유세미나'를 각각 두 번에 걸쳐 인도하면서 그 사실을 분명히 볼 수 있었습니다.

현재 이란에 있는 개신교인은 약 150만 명에서 200만 명으로 추산되는데 가정교회 교인들이기에 정확한 숫자 파악이 어렵다고 합니다. 또 튀르키예 남부 지방인 안탈리아(성경 지명: 앗달리아) 근처에 이란 난민이 약 35,000명 거주하고 있다고 합니다.

지금도 이란 가정교회에서는 순교자들이 나오고 있고 또 무슬림이 기독교로 개종하면 그 사유에 따라 최소 12년부터 15년까지 징역을 살고 심지어 사형을 당하기도 한다고 합니다. 그리고 형기가 다 끝나도 다른 죄목을 덮집어씌워서 계속 투옥하고, 석방하지 않는다고 합니다.

이번 이란 사역자 '성경적 내적치유세미나'에서 통역하신 선교사님은 이란의 수도 테헤란에 있는 테헤란한인교회를 오랫동안 담임하며 선교 사역을 감당하다가 추방되신 선교사님이었습니다. 이 선교사님이 테헤란에서 사역할 때 밤에 니고데모처럼 아무도 모르게 가만히 선교사님을 찾아와서 세례를 요청하는 이란 사람들이 있었다고 합니다.

어느 날 한 자매가 선교사님을 찾아와서 세례를 요청했습니다. 그런데 만약 이 사실이 발각되면 그 자매는 물론이고 선교사님까지 큰 낭패를 당할 수 있습니다. 게다가 이 선교사님을 올무에 빠뜨리기 위해 극렬 무슬림들이 위장하여 그 자매를 정보원으로 보낼 수도 있습니다. 그래서 선교사님은 먼저 그 자매에게 세례 받기에 합당한 거듭난 신자인지를 알기 위해 기본적인 질문을 했다고 합니다.

"자매님은 하나님 앞에서 자신이 죄인인 사실을 인정합니까?"
"자매님은 예수 그리스도께서 하나님의 아들이시며, 자매님의 죄를 위해 십자가에 달려 돌아가셨고, 또 자매님을 의롭다 하기 위해서 사흘 만에 부활하신 것을 믿습니까?"
"자매님은 그 예수 그리스도를 자매님의 구주와 주님으로 믿고 영접하셨습니까?"

그 질문들에 대해 그 자매는 "네!"라고 분명히 대답했습니다. 그래서 선교사님은 그 자매에게 신중하게 세례를 베풀기 위해 다음과 같은 몇 가지 질문을 더 했다고 합니다.

"자매님은 세례받으면 집안에서 쫓겨나는데 그래도 세례받겠습니까?"
"자매님은 세례받으면 취직도 못하는데 그래도 세례받겠습니까?"
"자매님은 세례받으면 결혼도 못하는데 그래도 세례받겠습니까?"
"자매님은 세례받으면 자식을 낳아도 학교에 못 보내는데 그래도 세례받겠습니까?"

"자매님은 세례받으면 감옥에 투옥될 수도 있는데 그래도 세례받겠습니까?"

그런데 선교사님이 질문을 할 때마다 그 자매는 전혀 망설임 없이 또렷한 어조로 "네!"라고 대답했다고 합니다.

이렇게 자매가 모든 질문에 "네"라고 대답하자, 선교사님은 왜 그런 엄청난 불이익을 다 감수하면서까지 세례를 받으려고 하는지 물었다고 합니다. 그랬더니 그 자매는 이렇게 대답했습니다.

"제가 예수를 믿고 세례를 받으면 받는 축복이 얼마나 엄청납니까?

제가 일평생 동안 범하는 모든 죄를 용서받게 됩니다. 또 제가 영원한 지옥 형벌의 고통을 당해야 하는데 그 지옥 형벌을 완전히 면제받게 됩니다. 그리고 천국에서 영원토록 놀라운 영생의 축복을 누리게 됩니다.

이런 엄청난 축복을 받는 것이 제가 예수 믿고 세례받음으로 인해 받는 모든 고난과 족히 비교될 수 있겠습니까?"

저는 그 이야기를 들으면서 제 신앙은 그 자매와 비교해 보면 아무것도 아님을 절감할 수 있었습니다.

이 이란 자매처럼 하나님의 아가페 사랑을 경험한 사람은 어떠한 고난과 핍박과 박해 속에서도 모든 것을 견딥니다. 왜냐하면, 하나님의 아가페 사랑은 모든 것을 넉넉히 견디게 만드는 힘과 능력이 있기 때문입니다.

사랑은 모든 것을 견딥니다.

사랑하는 성도 여러분!

사랑은 모든 것을 바랍니다. 사랑은 모든 것을 견딥니다. 사랑은 바랄 수 없는 중에 바라고 견딜 수 없는 중에 견딥니다. 우리가 어떠한 상황과 형편

속에서도 끝까지 기대하고 소망하며 견딜 수 있는 것은 성령으로 말미암아 하나님의 아가페 사랑이 우리 안에 풍성히 부어졌기 때문입니다.

그러므로 어떤 형편과 상황 속에 처하더라도 하나님의 아가페 사랑을 온전히 신뢰하십시오. 그 사랑 안에 거하십시오. 그리고 그 사랑이 여러분의 마음과 생각을 주장하게 하십시오. 그때 여러분은 그 어떤 형편과 상황 속에서도 참고, 바라고, 견디게 될 것입니다. 그 사랑으로 말미암아 결국 승리하게 되고, 여러분이 기대하고 소망하는 것이 반드시 이루어지는 축복을 감격에 넘쳐 깊이 경험하게 될 것입니다.

제11장
아가페 사랑의 영원성

[고전 13:8] 사랑은 언제까지나 떨어지지 아니하되 예언도 폐하고 방언도 그치고 지식도 폐하리라.

 미국 산호세에서 일어났던 일입니다. 도둑들이 어느 집에 침입해 들어가서 값나가는 귀중품들을 다 훔쳐 갔습니다. 그 도둑들은 그 집에서 여유 있게 음식을 해 먹고는 설거지까지 깨끗이 다 해놓고 갔습니다. 이 사실이 알려져서 그 도둑들은 일반 도둑들과 달리 양심 있고 신사적인 도둑이라고 말하는 사람들도 있었습니다.
 그렇지만 설거지까지 깨끗이 다 해놓고 갔다고 해서 그들이 양심 있고 신사적인 도둑들이라고 칭찬할 수는 없습니다. 그것은 그들이 설거지를 깨끗이 해 놓았지만, 그것보다 훨씬 더 귀하고 소중한 귀중품들을 다 훔쳐 갔기 때문입니다.

우리가 신앙생활을 하면서도 그런 오류를 범할 수 있습니다. 우리가 신앙생활의 여러 가지 경건한 행위를 충실하게 잘한다고 하더라도 하나님이 원하시는 가장 중요한 것을 놓치고 있다면 우리는 설거지를 깨끗이 한 도둑들과 같은 오류를 범할 수 있습니다.

하나님께서는 원하시는 가장 큰 계명이 무엇인가?

주님께서는 이렇게 말씀하셨습니다.

> [마 22:37-40] … 네 마음을 다하고 목숨을 다하고 뜻을 다하여 주 너의 하나님을 사랑하라 하셨으니 이것이 크고 첫째 되는 계명이요 둘째도 그와 같으니 네 이웃을 네 자신 같이 사랑하라 하셨으니 이 두 계명이 온 율법과 선지자의 강령(綱領)이니라.

> [요 13:34] 새 계명을 너희에게 주노니 서로 사랑하라 내가 너희를 사랑한 것 같이 너희도 서로 사랑하라.

이 말씀들은 그리스도인들의 표지(標識), 즉 그리스도인들을 불신자와 구별하게 만드는 가장 중요한 특징이 무엇인지를 명백히 보여 줍니다.

오늘 우리에게 있어서 가장 필요한 것은 은사가 아닙니다. 재능도 아니고 능력도 아닙니다. 열심이나 헌신이나 위대한 업적도 아닙니다. 바로 하나님의 아가페 사랑으로 하나님과 이웃을 사랑하는 것입니다. 주님께서 우리를 사랑하신 것같이 우리가 서로 사랑하는 것입니다.

만약 우리에게 가장 귀한 사랑이 없다면 나머지 귀한 것들은 아무것도 아닙니다. 오히려 자신이 가진 귀한 것들로 열심히 행하면 행할수록 다른 사람들에게 회복할 수 없는 깊은 상처를 줍니다. 사람들의 영혼을 망가뜨리고 심지어 죽이기까지 합니다.

 신앙생활에 있어서 가장 중요한 것은 신앙생활 하는 우리 마음의 동기와 태도가 사랑에 근거하는 것입니다. 사랑에 근거하지 않은 신앙생활은 아무것도 아닙니다. 가장 영광스러운 은사도 아무것도 아닙니다. 어떠한 열심이나 헌신도 아무런 쓸모가 없고 무가치합니다. 심지어 우리 신앙생활의 기본이 되는 예배, 기도, 말씀, 봉사, 섬김, 교육, 전도와 선교도 아무런 유익이 없습니다.

> [고전 13:1-3] 내가 사람의 방언과 천사의 말을 할지라도 **사랑이 없으면 소리 나는 구리와 울리는 꽹과리가 되고** 내가 예언하는 능력이 있어 모든 비밀과 모든 지식을 알고 또 산을 옮길 만한 모든 믿음이 있을지라도 **사랑이 없으면 내가 아무것도 아니요** 내가 내게 있는 모든 것으로 구제하고 또 내 몸을 불사르게 내줄지라도 **사랑이 없으면 내게 아무 유익이 없느니라.**

 이처럼 우리 신앙생활과 인생의 성패(成敗)는 바로 사랑에 달려 있습니다. 그런데 고린도 교회 성도들은 이렇게 중요한 사랑은 무시하고 영적 은사들만을 사모하고 추구하며 자랑하고 있었습니다. 사도 바울은 그들의 그런 모습을 바라보면서 그리스도인들이 온 마음과 열정과 헌신으로 사모하며 추구해야 할 것은 영적 은사가 아니라 '사랑의 삶'이라고 강조합니다.

 지난주까지 우리는 아가페 사랑의 프리즘, 참된 사랑의 아름다운 특성 15가지를 살펴보았습니다.

 참된 사랑의 아름다운 특성 15가지가 무엇입니까?

① 사랑은 오래 참습니다.
② 사랑은 온유합니다.
③ 사랑은 시기하지 않습니다.
④ 사랑은 자랑하지 않습니다.
⑤ 사랑은 교만하지 않습니다.
⑥ 사랑은 무례하게 행하지 않습니다.
⑦ 사랑은 자기의 유익을 구하지 않습니다.
⑧ 사랑은 성내지 않습니다.
⑨ 사랑은 악한 것을 생각하지 않습니다.
⑩ 사랑은 불의를 기뻐하지 않습니다.
⑪ 사랑은 진리와 함께 기뻐합니다.
⑫ 사랑은 모든 것을 참습니다.
⑬ 사랑은 모든 것을 믿습니다.
⑭ 사랑은 모든 것을 바랍니다.
⑮ 사랑은 모든 것을 견딥니다.

사랑하는 성도 여러분!

우리 모두, 이 사랑의 15가지 특성을 마음에 깊이 새기고 늘 생각하고 묵상하며 삶 속에서 구체적으로 하나씩 실천해 나갑시다. 가정에서, 직장과 일터에서, 교회에서, 사회에서 꼭 실천해 나간다면 우리가 속한 공동체는 조금이나마 변화의 길로 나아가게 될 것입니다.

요즘은 조화(造花)나 조목(造木)을 얼마나 진짜 같이 잘 만드는지 모릅니다. 꽃이나 나무를 가까이 가서 아주 자세히 살펴보지 않으면 생화(生花)인지, 조화(造花)인지 구별하기가 쉽지 않습니다. 그러나 아무리 조화를 생화와 같이 만들고, 조목(造木)을 아무리 생목(生木)처럼 만들어도 둘 사이에는 근본적인 차이가 있습니다. 그것은 바로 생명입니다. 생화와 생목에는 생명이 있지만, 조화와 조목에는 생명이 없습니다.

우리 신앙생활과 인생도 그러합니다. 우리 신앙생활과 인생의 생명은 바로 사랑입니다. 사도 바울은 그 이유를 '사랑 장'의 결론 부분에서 다룹니다. 참된 사랑은 영원하고 완전하며 지고(至高)하기에 그러합니다.

지금부터 참된 사랑의 영원성(永遠性, eternity)과 완전성(完全性, perfection) 그리고 지고성(至高性, supremacy)을 살펴보려고 합니다.

💚 사랑은 영원(永遠, eternity)합니다

> [고전 13:8] **사랑은 언제까지나 떨어지지 아니하되** 예언도 폐하고 방언도 그치고 지식도 폐하리라.

여기서 '떨어진다'의 헬라어 '핍테이'는 원래 '나뭇잎이나 꽃이 시들어서 떨어진다'라는 뜻으로 '실패하다, 파멸당하다'라는 의미입니다. 본문에서 '핍테이'라는 단어는 '결코 … 이 아닌(never)'의 헬라어 '우데포테'와 함께 사용되었습니다. 그러므로 사랑은 아무리 시간이 지날지라도 시들지도, 떨어지지도, 실패하지도, 파멸당하지도, 사라지지도 않는다는 것을 강조합니다.

> [벧전 1:24] … **모든 육체는 풀과 같고 그 모든 영광은 풀의 꽃과 같으니 풀은 마르고 꽃은 떨어지되**.

모든 육체는 풀과 같아서 결국에는 시들어서 말라 버립니다. 인간의 모든 영광은 풀의 꽃과 같아서 결국에는 다 떨어져서 없어집니다. 그러나 참된 사랑은 절대로 시들지 않습니다. 아가페의 사랑은 절대로 마르지 않고 떨어지지 않습니다. 절대로 실패하지도, 파멸당하지도 않습니다. 사랑은 언제까지나 지속됩니다.

[요일 2:17] 이 세상도, 그 정욕도 지나가되 ….

이 세상도 지나가고, 세상 것을 사랑하는 욕망과 욕구도 결국 다 사라집니다. 우리가 지대한 관심과 애정을 가지고 땀을 흘리며 얻고, 소유하고, 자랑했던 이 세상의 모든 것은 다 사라집니다. 그러나 참된 사랑은 결코 지나가지 않습니다. 아가페의 사랑은 결코 사라지지 않습니다. 그것은 언제까지나 계속됩니다. 사랑은 영원합니다.

19세기 말, 영국 회중교회 목사였던 존스(J. D. Jones)는 "사랑은 언제까지든지 떨어지지 아니하나"라는 이 구절을 다음과 같이 설명했습니다.

> 열대 지방에서 뜨거운 모래와 사막을 견디며 행군하는 군인들이 이 길의 무더위와 피곤을 이기지 못하고 한 사람씩 한 사람씩 쓰러져 갑니다. 마침내 모든 군대가 다 쓰러지고 말았는데 맨 마지막에 유일한 병사 한 사람이 이 모든 고통을 이기고 우뚝 서서 걷습니다. 이 병사의 이름이 바로 사랑입니다. 사랑은 결코 쓰러지지 않습니다.

사도 바울은 사랑의 영원성을 고린도 교회 성도들이 그처럼 간절히 사모하고 추구하며 자랑하던 영적 은사들의 한시성(限時性)과 선명하게 대조합니다. 고린도 교회 성도들은 자기들이 예언과 방언과 지식의 은사를 가지고 있다는 것에 대해 대단한 자부심과 긍지를 가지고 자랑하고 있었습니다. 그러나 바울은 자부심에 가득한 그들을 향해 이렇게 말합니다.

[고전 13:8] 사랑은 언제까지든지 떨어지지 아니하되 예언도 폐하고 방언도 그치고 지식도 폐하리라.

이처럼 모든 영적 은사는 순간적입니다. 임시적입니다.

1) 예언도 폐해집니다

[고전 13:8] … 예언도 폐하고 ….

여기서 '폐하다'의 헬라어 '카타르게데세타이'는 '일정한 기간이 지난 다음 사라진다, 작용이 중단되어 더 이상 효력을 내지 못한다'라는 뜻입니다. 예언의 은사는 참으로 귀한 은사입니다. 고린도전서 14장 1절에서 바울은 고린도 교회 성도들에게 특별히 예언의 은사를 사모하라고 권면하고 있습니다.

[고전 14:1, 한글개역] 사랑을 따라 구하라 신령한 것[성령의 은사]을 사모하되 특별히 예언을 하려고 하라.

이렇게 예언의 은사가 고린도 교회 성도들이 사모하며 구해야 할 귀한 은사이지만 예언의 은사도 일시적이고 영원하지 못합니다. 왜냐하면, 예언은 일단 성취되고 나면 더 이상 예언으로서의 의미가 없기 때문입니다.

예언이 앞으로 될 일을 미리 말하는 것으로 비록 놀랍고 영광스러운 은사라고 할지라도 그 일이 이루어지고 난 후에는 예언으로서 아무런 의미가 없습니다. 예언으로서의 작용이 다 하였기에 더 이상 효력을 내지 못합니다. 그러기에 예언은 일시적입니다. 순간적입니다.

여기에 나오는 예언을 특정한 개인(들)이나 상황에 대해 하나님이 즉흥적으로 주신 감동을 받아 그것을 알아들을 수 있는 언어로 표현하는 것으로 받아들여도 마찬가지입니다. '예언'의 헬라어 '프로페테이아'는 '앞서 말하는 것'을 뜻합니다. 이 말은 '어떤 사건이 일어나기 전에 말한다'라는 뜻도 있지만 '사람들 앞에서 공적으로 말한다'라는 뜻도 있습니다.

실제로 성경에 나타난 예언의 80퍼센트는 미래적인 것보다는 현재적 사건에 대한 해석과 진단, 권면과 위로, 그리고 경고에 집중되고 있습니다. 그러기에 참된 의미의 예언은 성도들을 깨우치고, 교회의 덕을 세우며, 사회를 유익하게 만듭니다.

예언이 주어지는 가장 기본적인 목적은 교회의 덕을 세우며 사람들을 권면하며 위로하기 위해서입니다.

> [고전 14:3-4] 그러나 예언하는 자는 사람에게 말하여 덕을 세우며 권면하며 위로하는 것이요 방언을 말하는 자는 자기의 덕을 세우고 예언하는 자는 교회의 덕을 세우나니.

그 외에도 예언이 주어지는 여러 가지 목적이 있습니다. 예언은 죄를 드러나게 하기도 하고(고전 14:25), 생각을 드러나게 하기도 하며(마 9:4-5), 치유가 일어나는 데 도움을 주기도 합니다(요 4:46-53). 또한, 예언은 하나님이 세우시는 일꾼을 분별하게 해 주고, 영적 전쟁에서 필수적인 역할을 감당하기도 합니다. 이렇게 예언의 은사는 귀하고 소중한 은사이지만 예언도 일시적이고 한시적입니다.

주님께서 이 땅에 재림하시면 더 이상 예언이 필요 없습니다. 예언의 효용 기간이 끝난 것입니다. 예언의 작용이 중단되어 더 이상 효력을 발생하지 못합니다. 주님의 재림으로 인해 천국이 완성되면 우리는 "새 하늘과 새 땅'에서 주님의 얼굴을 마주 대하고 주님의 입에서 나오는 존귀하신 말씀을 직접 우리 귀로 듣게 될 것입니다. 결국, 예언도 폐해집니다. 그러나 사랑은 언제까지든지 폐해지지 않습니다. 사랑은 사라지지 않습니다. 사랑은 영원합니다.

2) 방언도 그칩니다

[고전 13:8] … 방언도 그치고 ….

방언은 원래 표적(標的, sign)을 위한 은사였습니다. 고린도전서 14장 22절에서 성경은 방언에 대해 이렇게 말씀합니다.

[고전14:22] 그러므로 **방언은** 믿는 자들을 위하지 않고 **믿지 아니하는 자들을 위하는 표적이나** ….

방언은 믿지 않는 사람들을 위한 표적입니다. 그런데 표적은 표적이 나타내고자 하는 목적이 달성되면 사라집니다. 표적인 방언도 마찬가지입니다.

오순절에 성령이 임했을 때 120명의 성도는 성령의 충만함을 받고 성령의 말하게 하심을 따라 다른 방언으로, 즉 배우지도 않는 외국어로 '하나님의 큰일'(Magna Dei)을 말하기 시작했습니다. 이런 방언의 표적으로 말미암아 불신자들은 구원받았고 하나님께서는 영광을 받으셨습니다.

그러나 이렇게 외국어로 말하는 방언도 일시적입니다. 영원하지 못합니다. 왜냐하면, 주님께서 재림하시는 그날에는 더 이상 외국어가 존재하지 않기 때문입니다. 주님께서 이 땅에 다시 오시면 바벨탑 사건으로 혼잡해졌던 인간의 언어는 주님 안에서 완전히 하나로 통일될 것입니다.

이러한 사실은 영으로 비밀을 말하는 영적 방언, 영음(靈音) 방언에도 그대로 해당됩니다. 영적 방언, 영음 방언은 하나님께 하는 방언으로, 다른 사람들은 물론 심지어 자신까지도 알아들을 수 없고 오직 영으로 비밀을 말하는 것입니다. 그런데 영적 방언, 영음 방언도 일시적입니다.

주님께서 재림하시는 날 우리는 주님과 얼굴과 얼굴을 마주 대하면서 우리가 알아들을 수 있는 언어로 주님과 대화하게 될 것입니다. 따라서 그때는 방언도 그칩니다. 그러나 사랑은 그치지 않습니다. 사랑은 영원히 계속됩니다.

3) 지식도 폐해집니다

　　[고전 13:8] … 지식도 폐하고 ….

여기서 '폐하다'의 헬라어 '카타르게데세타이'는 이미 말씀드린 대로 '일정한 기간이 지난 다음 사라진다. 작용이 중단되어 더 이상 효력을 내지 못한다'라는 뜻입니다.

우리가 지금 주님을 아는 것은 거울을 보는 것같이 희미합니다. 우리는 지금 신령한 세계를 어렴풋이 알고, 또 하나님의 의중(意中)과 뜻도 희미하게 압니다. 그러나 주님이 재림하시면 우리는 주님에 대한 온전한 지식을 갖게 됩니다. 그래서 신령한 세계를 분명히 알게 되고, 하나님의 의도와 뜻을 명확하게 분별하게 됩니다.

그때는 우리가 이 세상에서 갖고 있거나 추구하고 있는 지식은 효용 기간이 다 끝나게 됩니다. 더 이상 효력을 발생하지 못합니다. 그러므로 그때는 지금 우리가 가지고 있는 희미한 영적 지식은 폐해질 것입니다. 없어질 것입니다. 그러나 사랑만은 결코 폐해지지 않습니다. 사랑은 언제까지든지 떨어지지 않습니다.

이처럼 사도 바울은 사랑을 고린도 교회 성도들이 그처럼 간절히 사모하고 추구하며 자랑했던 영적 은사들인 예언과 방언과 지식의 '한시성'과 비교하면서 사랑의 영원함을 역설합니다. 그리고 그리스도인들은 이 영원한 사랑을 알고 그 사랑을 실천하며 살아야 한다고 강조합니다.

월드비전(World Vision)이라는 유명한 국제구호개발기구의 긴급구호 팀장을 역임한 한비야 자매가 아프리카 말라위에 갔을 때의 일입니다. 한비야 자매는 후원자들이 자신이 후원하는 해외 아동을 방문하는 프로그램으로 그곳에 갔습니다. 그런데 그 마을은 에이즈(AIDS)가 완전히 초토화(焦土化)시켜 버린 곳이었습니다. 일할 만한 장년층은 전부 에이즈에 걸려 농사지을 사람이 없었습니다. 마을의 유일한 교사와 보건 요원도 에이즈로 사망했기에 학교와 보건소는 문을 닫고 말았습니다. 에이즈로 부모를 다 여읜 고아의 숫자가 마을 전체 어린이의 삼 분의 일이 넘었습니다.

그 팀이 방문한 12세 아동 사무엘도 에이즈 고아이자 에이즈 환자였습니다. 그 소년은 엄마가 에이즈에 걸린 채 임신하고 출산하면서 수직감염이 되었습니다. 뼈쩍 마른 몸은 온통 부스럼투성이에 기침까지 심했습니다. 안내자의 말로는 6개월 이상 살기가 힘들다고 했습니다.

이 집 아이의 후원자는 서울 출발 때부터 몹시 까탈스럽고 불평불만이 많았던 50대 남성이었습니다. 그런데 그는 에이즈에 걸린 사무엘에게 가까이 다가가는 게 께름칙했는지 굳은 얼굴로 먼발치에 서 있었습니다. 숨쉬기도 어려워하는 사무엘에게 한비야 자매가 이분이 동생 후원자라고 소개했습니다. 그러자 사무엘은 눈이 휘둥그레져서 말까지 더듬으며 이렇게 말했습니다.

"이, 이분이 제 동생 후원자라고요?

고, 고맙습니다. 다, 당신은 제 간절한 기도의 응답입니다."

아니, 방금 만난 사람이 어떻게 기도의 응답이란 말입니까?

알고 보니 사무엘은 부모가 돌아가신 때인 1년 전부터 하나님께 자기는 어떻게 되어도 좋으니 10살과 6살 두 동생만은 굶지 않고 학교에 다니게 해달라고 밤낮으로 기도했다고 합니다. 아프면 아플수록 더욱 간절하게 기도했는데 마침내 두 달 전, 동생들이 한국 후원자와 결연되었다면서 그 후원자의 손을 덥석 잡았습니다.

순간 한비야 자매는 저분이 아이의 손을 뿌리치면 어쩌나 가슴이 조마조마하여 견딜 수 없었습니다.

그런데 웬걸, 놀랍게도 그 후원자가 부스럼투성이인 사무엘을 힘껏 껴안아 주는 게 아닙니까!

여행 중 처음으로 온 얼굴에 웃음까지 띠면서 그 후원자는 사무엘을 힘껏 껴안아 주었습니다.

사무엘의 두 동생의 후원자가 되었던 분은 처음에는 하나님의 아가페 사랑을 잘 알지 못했습니다. 그런데 사무엘이 자기의 두 동생을 위해 일 년 동안 간절히 기도하여 하나님께서 자신을 그들의 후원자로 세워주신 것을 알게 되었습니다. 그러자 그는 하나님께서 얼마나 사무엘과 두 동생을 사랑하시는지를 알게 되었습니다. 그래서 자신도 하나님의 아가페 사랑으로 그들을 사랑하게 되었던 것입니다.

이처럼 우리가 하나님의 아가페 사랑을 알고 경험할 때 그 사랑은 자기중심적이고 이기적인 우리 자신을 변화시킵니다. 그래서 우리를 하나님의 사랑과 은혜를 흘려보내는 축복의 통로가 되도록 합니다.

사랑하는 성도 여러분!
하나님께서 우리에게 어떠한 사랑을 주셨습니까?
어떠한 사랑으로 우리를 사랑하셨습니까?

거룩하신 하나님께서는 죄와 악이 가득한 우리를 구원하시기 위해 독생자 예수님의 가장 귀한 생명을 아낌없이 내어주셨습니다. 하나님께서는 원수 된 우리를 이처럼 사랑하신 것입니다. 그렇게 엄청난 호의(好意)를 입을 자격이 전혀 없는 우리에게 무조건적인 사랑을 베풀어 주신 것입니다. 하나님의 아가페 사랑은 끝없이 용서하고 용납하는 사랑입니다. 아무런 조건 없이 베푸시는 무조건적인 사랑입니다. 영원히 변하지 않는 영원불변(永遠不變)한 사랑입니다. 아무런 대가 없이 끝없이 베푸시는 값없는 영원한 사랑입니다.

우리가 예수 그리스도를 나의 구주와 주님으로 믿고 내 마음에 영접할 때 하나님께서는 성령을 통해 하나님의 아가페 사랑을 넘치도록 우리에게 부어주셨습니다.

> [롬 5:5] … 우리에게 주신 **성령으로 말미암아 하나님의 사랑이 우리 마음에 부은 바 됨이니**.

그러므로 그 무엇보다 우선적으로 하나님의 아가페 사랑을 간절히 사모하고 구하십시오. 아가페의 사랑이 내 삶 속에서 역사(役事)하셔서 나도 그런 참된 사랑의 삶을 살 수 있도록 지속적으로 주님을 의뢰하고 그분께 순복하십시오. 그때 주님께서는 우리를 하나님의 아가페 사랑의 통로가 되게 하셔서 우리를 통해 하나님의 사랑을 많은 사람에게 흘려보내실 것입니다. 그리하여 우리 가족, 믿음의 지체 그리고 이웃이 우리를 통해 하나님의 놀라운 사랑을 경험하게 될 것입니다.

결국, 우리는 불법이 성하여 많은 사람의 사랑이 식어진 이 말세 시대 속에서 빛의 자녀로 하나님의 아가페 사랑의 빛을 환히 비추게 될 것입니다. 그리하여 하나님께 영광을 돌리고, 우리 자신이 복되며, 또 복음을 능력 있게 증거하여 많은 영혼을 구원하게 될 것입니다. 그리고 상처와 죄악으로 말미암아 고통당하는 영혼들을 치유하고 회복하여 축복의 삶으로 이끌어 갈 것입니다.

제12장
아가페 사랑의 완전성

[고전 13:9-12] 우리는 부분적으로 알고 부분적으로 예언하니 온전한 것이 올 때에는 부분적으로 하던 것이 폐하리라 내가 어렸을 때에는 말하는 것이 어린 아이와 같고 깨닫는 것이 어린 아이와 같고 생각하는 것이 어린 아이와 같다가 장성한 사람이 되어서는 어린 아이의 일을 버렸노라 우리가 지금은 거울로 보는 것 같이 희미하나 그 때에는 얼굴과 얼굴을 대하여 볼 것이요 지금은 내가 부분적으로 아나 그 때에는 주께서 나를 아신 것 같이 내가 온전히 알리라.

생명이 없는 모든 존재는 살아도 산 것이 아니라 죽은 것처럼, 우리 신앙생활과 인생도 사랑이 없으면 죽은 것과 다를 바 없습니다. 따라서 오늘 우리에게 있어서 가장 필요한 것은 '사랑의 삶'입니다. 우리는 지난 시간부터 왜 그런지 그 이유를 살펴보고 있습니다.

앞에서 살펴보았던 것처럼 사랑의 삶이 그처럼 중요한 이유는 사랑은 영원(永遠, eternity)하기 때문입니다(고전 13:8). 오늘은 사랑의 삶이 왜 그처럼 중요한 지 두 번째 이유를 살펴보겠습니다.

💝 사랑은 완전(完全, perfection)하기 때문입니다

> [고전 13:8하-10] … 예언도 폐하고 방언도 그치고 지식도 폐하리라 ['가르': 그 이유는, For] 우리는 부분적으로 알고 부분적으로 예언하니 온전한 것이 올 때에는 부분적으로 하던 것이 폐하리라.

우리 한글 성경에는 빠져있지만, 헬라어 원문에는 9절 서두(序頭)에 원인이나 이유를 나타내는 접속사 '가르'(For)가 포함되어 앞 구절인 8절의 이유를 설명하고 있습니다. 즉, 예언도 폐하고 방언도 그치고, 지식도 폐하는 등 은사들이 폐하여지는 이유는 그 모든 것이 부분적이기 때문입니다.

예언이나 방언이나 지식 등의 영적 은사는 모두 부분적인 것입니다. 예언은 현재나 미래에 대한 일들을 알게 하고 보게 합니다. 방언은 하나님을 증거하고 그분을 찬양하며 그분과 교제하게 함으로 더 깊이 하나님을 알게 합니다. 영적 지식은 하나님의 성품과 그분의 의중(意中)과 기준과 길을 더 깊이 깨닫게 합니다. 그러나 이 모든 영적 은사를 통하여 우리가 알 수 있는 것은 그 모두가 부분적이라는 것입니다.

그런데도 고린도 교회 성도들은 예언과 방언과 지식 등의 영적 은사를 소유한 것으로 인해 자기의 신앙이 성숙한 것처럼 자고(自高)했습니다. 자기가 모든 것을 알고 있는 것처럼 자만하며 자랑하고 있었습니다. 이런 교만하고 어리석은 자들을 향해 바울은 예언과 방언과 지식으로 알 수 있는 것은 부분적인 것에 불과하다고 강조합니다. 그리고 온전한 것이 올 때는 이 부분적인 것이 다 폐해질 것이라고 말합니다.

> [고전 13:9-10] 우리는 부분적으로 알고 부분적으로 예언하니 **온전한 것이 올 때에는 부분적으로 하던 것이 폐하리라.**

여기서 '폐하리라'의 헬라어 '카타르게데세타이'는 '일정한 기간이 지난 다음 사라진다, 작용이 중단되어 더 이상 효력을 내지 못한다'라는 뜻입니다. 그러므로 "온전한 것이 올 때에는 부분적으로 하던 것이 폐하리라"라는 말씀은 '온전한 것이 올 때에는 부분적으로 하던 것의 작용이 중단되어 더 이상 효력을 내지 못하고 사라진다'라는 의미입니다.

여기서 '온전한 것'의 헬라어 '토 텔레이온'은 '끝, 종말'을 의미하는 헬라어 '텔로스'에서 유래하여 '마지막 목적을 달성한, 완성된'이라는 뜻을 가지고 있습니다. 본절에서 '온전한 것'은 정관사(το, the)와 함께 사용되어 예수 그리스도께서 재림하실 때 완성될 하나님 나라인 '새 하늘과 새 땅'을 가리킵니다.

주님께서 재림하셔서 천국이 완성되는 그날, 우리는 주님께서 나를 아신 것같이 나도 주님을 온전히 알게 될 것입니다. 온전히 주님의 모습을 닮은 성숙한 모습으로 변화되게 될 것입니다. 지금 우리는 이 땅에서 죄와 세상과 마귀와 우리 육신의 소욕(所慾)과 치열하게 싸워나가는, 성화(聖化, Sanctification)의 삶을 살고 있습니다. 그런데 주님께서 재림하시면 우리의 성화가 완성되어 영화(榮化, Glorification)로운 상태에 들어가게 될 것입니다.

[요일 3:2] 사랑하는 자들아 우리가 지금은 하나님의 자녀라 장래에 어떻게 될지는 아직 나타나지 아니하였으나 **그가 나타나시면**[재림하시면] **우리가 그와 같을 줄을 아는 것은 그의 참모습 그대로 볼 것이기 때문이니** 주를 향하여 이 소망을 가진 자마다 그의 깨끗하심과 같이 자기를 깨끗하게 하느니라.

그러므로 우리의 신앙이 성숙해질수록 예언이나 방언이나 지식 등의 은사를 사모하며 추구하기보다 아가페의 사랑을 더 많이, 더 간절하게 사모하며 추구하게 됩니다. 사도 바울은 본문에서 온전한 신앙, 즉 성숙한 신앙의 모습을 말하면서 두 가지 예를 듭니다.

첫째, 어린아이가 장성한 사람이 되어 어린아이의 세계를 벗어나는 것입니다.

[고전 13:11] 내가 어렸을 때에는 말하는 것이 어린아이와 같고 깨닫는 것이 어린아이와 같고 생각하는 것이 어린아이와 같다가 **장성한 사람이 되어서는 어린아이의 일을 버렸노라.**

여기서 "버렸다"라는 단어는 8절에 나오는 "예언도 폐하고, 지식도 폐하리라"의 "폐하리라"와 10절에 나오는 "온전한 것이 올 때에는 부분적으로 하던 것이 폐하리라"라는 그 '폐하리라'와 같은 헬라어 '카타르게데세타이'입니다. 즉, '일정한 기간이 지난 다음 사라진다, 작용이 중단되어 더 이상 효력을 내지 못한다'라는 뜻입니다. 그리고 이 단어의 시제가 완료형이기에 '내가 결정적으로 완전히 버렸다'라는 의미입니다.

어린아이는 말하는 것도 어린아이와 같습니다. 깨닫는 것도 어린아이와 같습니다. 생각하는 것도 어린아이와 같습니다. 그러다가 장성하여 어른이 되면 어린아이의 유치한 말투, 어린아이의 유치한 생각, 어린아이의 유치한 일, 어린아이의 유치한 모습을 완전히 다 버리게 됩니다. 그래서 어린아이의 모습에서 완전히 벗어나게 됩니다.

마찬가지로 신앙이 장성하지 못하고 성숙하지 못한 어린 신자는 완전한 아가페 사랑을 사모하며 추구하기보다 부분적인 예언이나 방언이나 지식 등의 영적 은사들을 더 사모하며 추구합니다. 그러나 신앙이 장성한 사람, 성숙한 사람은 부분적인 영적 은사들을 사모하며 추구하기보다 완전한 아가페 사랑을 더 사모하며 추구합니다.

결국, 신앙 성숙의 척도는 우리가 가진 영적인 은사들이 아니라 바로 사랑의 실천 여부(與否)입니다.

나는 얼마나 영적 은사들을 많이 가지고 있는가?

나는 얼마나 놀라운 성령의 은사들을 가지고 그것들을 부지런히 사용하고 있는가?

이것이 나의 신앙 성숙을 결단코 보장해 주지 못합니다. 아무리 내가 많은 영적 은사를 가지고 있고, 놀라운 성령의 은사들을 부지런히 사용한다고 하더라도 나의 신앙생활과 삶 속에 사랑이 없다면 나의 신앙 수준은 아직도 어린아이와 같은 미숙한 신앙에 불과합니다.

우리가 이미 살펴보았던 4절부터 7절에 나오는 아가페 사랑의 15가지 아름다운 특성은 주님을 닮은 성숙한 신앙 인격에서부터 나오는 인격적 특성입니다.

[고전 13:4-7] 사랑은 오래 참고 사랑은 온유하며 시기하지 아니하며 사랑은 자랑하지 아니하며 교만하지 아니하며 무례히 행하지 아니하며 자기의 유익을 구하지 아니하며 성내지 아니하며 악한 것을 생각하지 아니하며 불의를 기뻐하지 아니하며 진리와 함께 기뻐하고 모든 것을 참으며 모든 것을 믿으며 모든 것을 바라며 모든 것을 견디느니라.

이런 아가페 사랑의 15가지 아름다운 인격적 특성은 우리 주님의 인격 가운데 온전히 드러났고 완전하게 성취되었던 인격적 특성입니다. 사랑의 15가지 아름다운 인격적 특성을 말씀하는 구절에서 '사랑' 대신 '주님'을 넣어보겠습니다.

[고전 13:4-7] [주님은] 오래 참고 [주님은] 온유하며 [주님은] 시기하지 아니하며 [주님은] 자랑하지 아니하며 [주님은] 교만하지 아니하며 [주님은] 무례히 행하지 아니하며 [주님은] 자기의 유익을 구하지 아니하며 [주님은] 성내지 아니하며 [주님은] 악한 것을 생각하지 아니하며 [주님은] 불의를 기뻐하지 아니하며 [주님은] 진리와 함께 기뻐하고 [주님은] 모든 것을 참으며 [주님은] 모든 것을 믿으며 [주님은] 모든 것을 바라며 [주님은] 모든 것을 견디느니라.

이렇게 "사랑"이라는 단어와 "주님"이라는 단어를 바꿔 읽으면 완벽하게 어울립니다. 100퍼센트 완벽합니다.
왜 우리 주님의 인격과 삶 속에는 이런 15가지 아름다운 사랑의 특성이 완벽하게 다 드러났을까요?

우리 주님의 인격이 완전히 성숙하셨기 때문입니다. 그래서 이 15가지 사랑의 아름다운 인격적 특성들이 주님의 생애 속에 하나도 남김없이 온전히 다 드러났고 완전하게 다 나타났던 것입니다.

우리도 마찬가지입니다. 우리 신앙이 성숙해지면 성숙해질수록 우리의 인격과 삶 속에도 이런 사랑의 아름다운 인격적 특성이 더욱 분명히 나타나게 됩니다. 반면에 우리가 아무리 예언을 말하고, 방언을 말하며, 놀라운 영적 지식을 소유하고 있다 할지라도 이 15가지 사랑의 아름다운 인격적 특성이 우리의 인격과 삶 속에 나타나지 않는다면 우리는 아직도 어린아이의 신앙을 가진 사람입니다.

그러므로 우리 신앙과 삶 속에 진정으로 필요한 것은 예언이 아닙니다. 방언도 아닙니다. 지식도 아닙니다. 그 어떤 신령한 성령의 은사도 아닙니다. 참된 사랑, 아가페의 사랑입니다. 사랑은 완전합니다.

둘째, 거울로 보는 것이 아니라 직접 얼굴과 얼굴을 마주 대하고 보는 것입니다.

> [고전 13:12] 우리가 **지금은**('아르티') 거울로 보는 것같이 희미하나 **그 때에는**('토테') 얼굴과 얼굴을 대하여 볼 것이요 **지금은**('아르티') 내가 부분적으로 아나 **그 때에는**('토테') 주께서 나를 아신 것같이 내가 온전히 알리라.

사도 바울은 이 구절에서 '지금'(헬, 아르티)과 '그때'(헬, 토테)라는 상반(相反)되는 시간을 나타내는 단어를 사용하여 '은사의 부분성'과 '사랑의 완전성'을 명확하게 대비하고 있습니다.

"지금은 희미하나 그때는 대면(對面)하여 볼 것이요, 지금은 부분적으로 아나 그때는 온전히 알리라."

여기서 "희미하다"의 헬라어 '엔 아이니그마티'는 '수수께끼 속에 있는'이라는 뜻입니다. 이것은 당시에 거울로 보는 것이 마치 수수께끼를 푸는 것처럼 얼마나 모호(模糊)하기 그지없었는지를 잘 보여 줍니다. 그 당시 사용되던 거울은 오늘날처럼 유리에 수은을 입혀서 만든, 환하고 온전하게 비치는 거울이 아니었습니다. 돌이나 은, 구리, 쇠 등의 금속판의 표면을 연마시켜서 만든 거울이기에 사람들은 거울에 비추어진 자신의 얼굴이나 사물을 명확하게 보지 못하고 희미한 모습밖에 볼 수 없었습니다.

마찬가집니다. 예언이나 방언이나 지식을 통해 하나님을 알려고 하는 것은 희미한 하나님의 모습밖에 보지 못합니다. 그런데도 고린도 교회 성도들은 자기가 가진 지식과 영적 은사에 대해 대단한 긍지와 자부심을 가지고 있었습니다. 그들은 예언과 방언과 지식의 은사를 가지고 있었기에 자기가 하나님의 성품과 의중과 기준과 길을 온전히 아는 것처럼 착각했습니다. 신앙의 모든 것을 이해한 것처럼 자만하고 있었습니다. 신령한 세계에 온전히 거하며 사는 것처럼 착각하며 자고(自高)하고 있었습니다.

> [고전 13:12하] … 지금은 **내가 부분적으로 아나** 그 때에는 주께서 나를 아신 것같이 **내가 온전히 알리라**.

여기서 앞에 나오는 "내가 부분적으로 아나"에서 '안다'의 헬라어 '기노스코'는 우리가 일반적으로 '안다'라고 말할 때 사용되는 단어입니다. 그런데 뒤에 나오는 "내가 온전히 알리라"에서 '안다'의 헬라어 '에페기노스코'

는 '전체적이고 완전하게 안다'라는 의미입니다. 그리고 "부분"의 헬라어 '메루스'는 '조각'(part)이라는 뜻입니다.

우리가 희미하게 보고 얻은 지식은 단지 조각에 불과한 지식이고 그냥 대강 알고 있는 지식입니다. 그러나 얼굴과 얼굴을 맞대고 보면서 알게 된 지식은 전체를 보고 안 지식이고, 또 실제로 그 자체를 직접 보고 알게 된 지식이기에 완벽한 지식이 됩니다.

우리가 하나님을 온전하게 아는 참된 지식에 도달하는 것은 주님께서 재림하셔서 하나님에 대한 온전한 지식을 우리에게 계시할 때입니다. 우리가 주님처럼 변화하여 아가페 사랑으로 온전히 하나님을 사랑할 때입니다. 사랑할 때 우리는 비로소 하나님을 아는 참된 지식을 소유하게 됩니다.

우리는 내가 온전히 사랑하는 사람 앞에 나의 모든 것을 다 보입니다. 심지어 우리의 약점과 결점까지 완전히 공개합니다. 저는 제 아내의 약점과 결점을 이 세상 사람 가운데 가장 많이 압니다. 제 아내 역시 저의 약점과 결점에 대해 이 세상 사람 가운데 가장 많이 압니다. 인간은 사랑하는 사람 앞에만 가면(假面)을 벗기 때문입니다. 우리는 사랑하는 사람 앞에서만 옷을 벗기 때문입니다.

주님과 우리와의 관계 역시 그러합니다. 주님께서도 당신을 사랑하는 자에게 당신 자신을 계시하시고 나타내십니다.

> [요 14:21] … **나를 사랑하는 자는** 내 아버지께 사랑을 받을 것이요 **나도 그를 사랑하여 그에게 나를 나타내리라.**
>
> (… I too will love him and **show myself to him**, NIV)

우리가 얼굴을 맞대고 주님을 보고, 또 주님께서 나를 아신 것처럼 내가 온전히 주님을 알게 되는 것은 주님께서 재림하시는 바로 그날입니다. 그러나 지금도 우리가 주님을 사랑하면 주님께서는 당신을 우리에게 계시해 주시고 나타내 보여 주십니다. 그래서 우리는 주님을 보고 알게 됩니다. 오직 우리는 주님과의 사랑의 친밀한 관계 속에서만 사랑의 주님을 알게 되고, 그 주님의 사랑을 실제로 체험하게 됩니다. 그리고 그 사랑을 배우게 됩니다.

그때부터 우리는 참된 사랑, 아가페의 사랑으로 내 마음을 다하고 목숨을 다하고 힘을 다하고 뜻을 다하여 하나님을 사랑하게 됩니다. 가족들을 아가페의 사랑으로 사랑하게 됩니다. 믿음의 형제들을 주님께서 나를 사랑하시는 것처럼 사랑하게 됩니다. 또 이웃들을 나 자신과 같이 사랑하게 됩니다.

그래서 하나님의 '가장 큰 계명'(The Great Commandment)에 순종하게 됩니다(마 22:37-40). 주님께서 주신 '새 계명'(New Commandment)에 순종하여 모든 사람이 우리가 주님의 제자인 줄을 알게 됩니다(요 13:34-35). 심지어 주님이 그러셨던 것처럼 우리를 욕하고 저주하고 핍박하는 원수까지 사랑하게 됩니다(마 5:44; 눅 6:27-28, 35).

예전에 읽고 큰 감명을 받았던 이야기입니다.

소록도에서 목회하는 김 목사님이란 분 앞에 일흔이 훨씬 넘어 보이는 노인이 다가와 섰습니다.

"저를 이 섬에서 살게 해 주실 수 없습니까?"

느닷없는 노인의 요청에 김 목사님은 당황한 표정을 지었습니다.

"아니, 노인장께서는 정상인으로 보이는데 나환자들과 같이 살다니요?"

그런데도 노인은 간곡하게 부탁했습니다.

"제발, 부탁드립니다."

목사님이 자리를 권하여 앉게 하자 노인은 한숨을 쉬더니 입을 떼기 시작했습니다.

"저에게는 모두 열 명의 자녀가 있었지요. 그런데 그중에 한 아이가 문둥병(한센병)에 걸렸습니다."

"언제 이야기입니까?"

"지금으로부터 40년 전, 그 아이가 열한 살 때였지요."

"발병 사실을 알았을 때 우리가 할 수 있는 일은 그 아이를 다른 가족이나 동네로부터 격리시키는 일이었습니다."

"여기로 왔겠군요."

"그렇습니다."

"소록도에 나환자촌이 있다는 말만 듣고 우리 부자가 길을 떠난 건 어느 늦여름이었습니다. 그때만 해도 교통이 매우 불편해서 서울을 떠나 소록도까지 오는 여정은 멀고도 힘든 길이었죠. 하루, 이틀, 사흘…. 더운 여름날 먼지 나는 신작로를 걷고, 또 타고 가는 도중에 우린 함께 지쳐 버리고 만 겁니다.

그러다 어느 산속 그늘 밑에서 쉬는 중이었는데 나는 문득 잠에 곯아떨어진 그 아이를 죽이고 싶었습니다. 바위를 들었지요. 맘에 내키진 않았지만, 잠든 아이를 향해 힘껏 던져 버렸습니다. 그런데 그만 바윗돌이 빗나가고 만 거예요. 이를 악물고 다시 돌을 들었지만 차마 또다시 그런 짓을 할 수는 없었어요. 아이를 깨워 가던 길을 재촉했습니다."

그러면서 노인은 한숨을 길게 내쉬면서 다시 이야기를 이어 갔습니다.

"문제는 소록도에 거의 도착했을 때 일어났습니다. 배를 타러 몰려든 사람들 가운데 눈썹이 빠지거나 손가락이며 코가 달아난 문둥병 환자를 정면으로 보게 된 것입니다. 그들을 만나자 아직은 멀쩡한 내 아들을 소록도에 선뜻 맡길 수가 없었습니다. 멈칫거리다가 배를 놓치고만 나는 마주 서 있는 아들에게 내 심경을 이야기했지요. 고맙게도 아이가 이해하더군요.

'저런 모습으로 살아서 무엇하겠니?

몹쓸 운명이려니 생각하고 차라리 너하고 나하고 함께 죽는 길을 택하자.'

우리는 나루터를 돌아 아무도 없는 바닷가로 갔습니다. 신발을 벗어두고 물 속으로 들어가는데 어찌나 눈물이 나오던지 … 한발 두발 깊은 곳으로 들어가다가 거의 내 가슴 높이까지 물이 깊어졌을 때였습니다.

갑자기 아들 녀석이 소리를 지르지 않겠어요?

내게는 가슴 높이였지만 아들에게는 턱밑까지 차올라 한 걸음만 삐끗하면 물에 빠져 죽을 판인데 갑자기 돌아서더니 내 가슴을 떠밀며 악을 써대는 거예요. 문둥이가 된 건 난데 왜 아버지까지 죽어야 하느냐는 거지요. 형이나 누나들이 아버지만 믿고 사는 판에 아버지가 죽으면 그들은 어떻게 살겠냐는 것이었습니다. 완강한 힘으로 자기 혼자 죽을 테니 아버지는 어서 나가라고 떠미는 아들 녀석을 보는 순간, 나는 그만 그 애를 와락 껴안고 말았습니다. 참 죽는 것도 쉽지만은 않더군요.

그 후 소록도로 아들을 떠나보내고 서울로 돌아와 서로 잊은 채 정신없는 세월을 보냈습니다. 아홉 명의 자식이 자라서 대학을 나오고 결혼하고 손자 손녀를 낳고 … 얼마 전에 큰아들이 시골의 땅을 다 팔아서 함께 올라와 살자더군요. 그래서 그렇게 했지요. 처음 아들네 집은 편했습니다. 주는 대로 받아먹으면 되고 이불 펴주면 드러누워 자면 그만이고 … 가끔씩 먼저 죽은 마누라가 생각이 났지만 얼마 동안은 참 편했습니다. 그런데 시간이 지나고 날이 지날수록 아이들 눈치가 보이기 시작했습니다. 그 애들은 아무 말도 없는데 말입니다. 어느 날인가는 드디어 큰 아이가 입을 엽디다. 큰아들만 아들이냐고요. 그날로 말없이 짐을 꾸렸죠. 그런데 사정은 그 후로도 마찬가지였어요. 둘째, 셋째, 넷째 ….

허탈한 심정으로 예전에 살던 시골집에 왔을 때 문득 40년 전에 헤어진 그 아이가 생각나는 겁니다. 열한 살에 문둥이가 되어 소록도라는 섬에 내다 버린 아이, 내 손으로 죽이려고까지 했으나, 끝내는 문둥이 마을에 내팽개치고 40년을 잊고 살아왔던 아이, 다른 아홉 명의 자식에게는 온갖 정성을 쏟아 힘겨운 대학까지 마쳐 놓았지만 내다 버리고 까마득하게 잊어버렸던 아이가 생각이 났습니다.

다시 또 먼 길을 떠나 그 아이를 찾았을 때 그 아이는 이미 아이가 아니었습니다. 쉰이 넘은 데다 그동안 겪은 병고(病苦)로 인해 나보다 더 늙어 보이는 그러나 눈빛만은 예전과 다름없이 투명하고 맑은 내 아들이 울면서 반기는 것이었습니다.

그는 나를 껴안으며 이렇게 말했지요.

'아버지를 한시도 잊은 날이 없습니다. 아버지를 다시 만나게 해달라고 40년이나 기도해 왔는데 이제 서야 기도가 응답 되었군요.'

나는 흐르는 눈물을 닦을 여유도 없이 물었죠. 어째서 이 못난 애비를 그렇게 기다렸는지를 … 자식이 문둥병에 걸렸다고 무정하게 내다 버린 채 한 번도 찾지 않은 애비를 원망하고 저주해도 모자랄 텐데 무얼 그리 기다렸느냐고 ….

그러자 아들은 이렇게 말하는 것이었습니다.

'여기 와서 예수 그리스도를 믿게 되었는데 그 이후로 모든 것을 용서하게 되었어요 … 예수 그리스도의 사랑이 비참한 운명까지 감사하게 만들

었어요 ….'

그러면서 그는 다시 한번 자신의 기도가 응답 된 것에 감사하는 것이었습니다. 아아, 그때 서야 나는 깨닫게 되었습니다. 나의 힘으로 온 정성을 쏟아 가꾼 아홉 개의 화초보다, 쓸모없다고 내다 버린 하나의 나무가 더 싱싱하고 푸르게 자라 있었다는 것을 …

예수 그리스도!

그분이 누구인지는 모르지만 내 아들을 변화시킨 분이라면 나 또한 마음을 다해 받아들이겠노라고 난 다짐했습니다.

목사님, 이제 내 아들은 병이 완쾌되어 여기 음성 나환자촌에 살고 있습니다. 그 애는 내가 여기에 와서 함께 살기를 간절히 원하고 있습니다. 그 애와 며느리 그리고 그 애의 아이들을 보는 순간, 그 애의 바람이 결코 거짓이 아니라는 걸 깨달았습니다.

그들의 눈빛에는 지금껏 내가 구경도 못 했던 그 무엇이 들어있었습니다. 공들여 키운 아홉 명의 자식에게선 한 번도 발견하지 못한 사랑의 언어라고나 할까요. 나는 그 애에게 잃어버린 40년의 세월을 보상해 주어야 합니다. 함께 있어 주는 것만으로도 그 애에게 도움이 된다면 나는 기꺼이 그 요청을 받아들일 작정입니다. 그러니 목사님, 저를 여기에서 살게 해 주십시오."

나환자(한센병 환자)였던 아들은 예수님을 믿고 하나님의 아가페 사랑을 깊이 체험했습니다. 그러기에 자기를 매정하게 버린 후 40년 동안 소식 한 번 없었던 그 아버지를 하나님의 그 아가페 사랑으로 용서했습니다. 그뿐만 아니라 다른 형제들이 다 모시기를 귀찮아했던 아버지를 진정 사랑하는 마음으로 모시면서 돌보고자 했던 것입니다.

사랑하는 성도 여러분!

하나님의 아가페 사랑은 이처럼 완전합니다. 우리는 이 완전한 하나님의 아가페 사랑으로 구원을 받았고, 그 사랑을 지금도 계속 경험하면서 신앙생활하고 있습니다.

그렇다면 지금 우리는 하나님의 이 아가페 사랑에 어떻게 반응하며 살고 있습니까?

우리는 한 사람도 예외 없이 마지막 심판 날, 주님의 심판대 앞에 서게 될 것입니다. 그때 주님께서는 우리 각 사람에게 이렇게 물으실 것입니다.

"사랑하는 아들아, 사랑하는 딸아, 너는 나의 아가페 사랑을 경험한 자로서 세상에 살 동안 얼마나 나를 사랑하며 살았느냐?

너는 나를 사랑하였기에 진정으로 네 가족들과 믿음의 지체들과 이웃들을 사랑하며 살았느냐?

너는 특히 병들고 가난하고 소외되고 연약하고 쓰러진 자들을 사랑하고 불쌍히 여기며 살았느냐?

너는 내가 명령한 것처럼 너를 미워하고 핍박하고 모욕하고 저주하는 네 원수까지 불쌍히 여기며 사랑하며 살았느냐?"

그때 여러분과 저는 무엇이라고 주님께 대답하겠습니까?

믿음으로 평생을 걸어갔던 영국의 성공회 사제 찰스 킹즐리(Charles Kingsley, 1819-1875) 가족의 무덤 묘비에는 그들의 유언을 따라 이런 아름다운 글귀가 새겨져 있다고 합니다.

우리는 사랑했습니다.

우리는 사랑하고 있습니다.

우리는 사랑할 것입니다.

(We loved. We are in love. We will love.)

제13장
신앙생활의 3대 덕목(德目): 믿음, 소망, 사랑

> [고전 13:13] 그런즉 믿음, 소망, 사랑, 이 세 가지는 항상 있을 것인데 그 중의 제일은 사랑이라.

우리의 인간관계와 삶에 있어서 견고한 토대기 되는 것은 바로 사랑입니다. 우리가 이 땅에서 아무리 놀라운 일들을 이루고 훌륭한 업적을 성취해도 사랑에 근거하지 않을 때 모래 위에 지은 집과 같습니다. 그런데도 고린도 교회 성도들은 이렇게 중요한 사랑은 무시하고 영적 은사만을 사모하고 추구하며 자랑하고 있었습니다. 그런 그들의 모습을 보면서 사도 바울은 사랑의 중요성을 강조하고 있습니다.

오늘 우리 역시 그러합니다. 우리가 일평생 동안 신앙생활 하지만, 사랑이 없으면 모래 위에 지은 부실한 건물과 다를 바가 없습니다. 따라서 오늘 우리에게 있어서 가장 필요한 것은 '사랑의 삶'입니다.

그렇다면 왜 그처럼 사랑의 삶이 중요합니까?

우리는 이미 그 이유 두 가지를 살펴보았습니다. 그것은 사랑은 영원(eternity)하기 때문이고(고전 13:8), 또 사랑은 완전(perfection)하기 때문입니다(고전 13:9-11).

사도 바울은 고린도전서 13장, '사랑 장'의 최종적 결론을 '사랑의 지고성'(至高性, supremacy)으로 끝을 맺습니다.

[고전 13:13] 그중에 제일은 사랑이라.

그런데 사도 바울은 '사랑의 지고성'을 말하기 전에 먼저 우리 신앙생활의 삼대 덕목(德目)을 설명합니다. 그것은 바로 '믿음, 소망, 사랑'입니다.

[고전 13:13] 그런즉 믿음, 소망, 사랑 이 세 가지는 항상 있을 것인데 그 중에 제일은 사랑이라.

이 말씀은 어둡고 거칠고 험난한 인생을 살아가는 수많은 그리스도인에게 밝은 빛을 비추면서 힘과 담대함과 위로를 주는 은혜의 말씀입니다.

어느 설교자는 이 삼대 덕목을 가리켜서 신앙생활의 '삼원색'(三原色) 혹은 '삼위일체'(三位一體)라고 말했습니다. 왜냐하면, 모든 빛깔의 바탕이 되는 빨강, 노랑, 파랑의 세 가지 색을 가리켜서 '삼원색'(三原色)이라고 부르는 것처럼, 믿음, 소망, 사랑은 우리 신앙생활의 바탕이 되는 덕목이기 때문입니다.

그리고 믿음, 소망, 사랑은 각각 다른 별개의 덕목이지만, 이 세 가지 덕목은 결코 분리할 수 없는 일체가 되는 덕목이기 때문에 신앙생활의 '삼위일체'(三位一體)라고 부릅니다.

그렇다면 믿음, 소망, 사랑이 우리 신앙생활의 바탕이 되는 중요한 덕목인 이유가 무엇입니까?

지금부터 우리 신앙생활에서 왜 그처럼 믿음, 소망, 사랑이 중요한 지 그 이유를 살펴보겠습니다.

첫째, 믿음의 중요성입니다.

신앙생활에 있어서 믿음은 매우 중요한 덕목입니다. 우리는 예수 그리스도를 믿음으로 말미암아 구원을 얻습니다.

[엡 2:8] 너희는 그 은혜에 의하여 **믿음으로 말미암아 구원을 받았으니** ….

우리는 믿음으로 죄 용서함을 받고 믿음으로 하나님의 자녀가 되는 권세를 얻습니다.

[요 1:12] 영접하는 자 곧 그 이름을 믿는 자들에게는 하나님의 자녀가 되는 권세를 주셨으니.

또 우리는 에녹처럼 믿음으로 일평생 동안 하나님과 동행하게 됩니다(창 5:21-22; 히 11:5). 우리는 믿음으로 기도 응답을 받고 믿음으로 하나님의 놀라운 능력을 체험합니다.

[마 21:22] 너희가 기도할 때에 무엇이든지 믿고 구하는 것은 다 받으리라.

이처럼 믿음은 우리 삶에 있어서 가장 위대한 힘이며 능력입니다. 오직 의인은 믿음으로 말미암아 살 것입니다.

[합 2:4; 롬 1:17; 갈 3:11; 히 10:38] … 의인은 **그의 믿음으로 말미암아 살리라**.

그러므로 믿음이 없이는 결단코 하나님을 기쁘시게 할 수 없습니다.

[히 11:6] **믿음이 없이는 하나님을 기쁘시게 하지 못하나니** 하나님께 나아가는 자는 반드시 그가 계신 것과 또한 그가 자기를 찾는 자들에게 상 주시는 이심을 믿어야 할지니라.

왜 믿음이 없으면 하나님을 기쁘시게 할 수 없습니까?
'믿음의 핵심'이 바로 하나님과 그분의 말씀을 신뢰하는 것이기 때문입니다.
만약 누군가가 우리를 믿지 않고 우리 말을 신뢰하지 않는다면 우리가 그 사람을 기뻐하고 좋아할 수 있겠습니까?
그가 그렇게 하는 것은 바로 우리 인격을 무시하는 것이고, 우리 자신을 모욕하는 것이기에 우리는 결코 기뻐할 수 없고 좋아할 수 없습니다.
그래서 불신앙이 무섭고 심각하고 끔찍한 죄악인 것입니다. 하나님을 믿지 않고 그분의 말씀을 신뢰하지 않는 불신앙은 바로 하나님의 인격을 무시하고 그분을 모욕하는 것이기 때문입니다.

신실한 청교도 목사였던 영국의 윌리엄 젠킨(William Jenkyn, 1613-1685)은 다음과 같이 말했습니다.

　　불신앙은 모든 죄의 기초다.

우리는 믿음으로 신앙생활을 시작해서 일평생 믿음으로 신앙생활하다가 마지막 죽을 때도 믿음으로 죽어 영원한 천국에 들어갑니다. 따라서 우리 신앙생활은 믿음으로 믿음에 이르는 생활입니다.

　　[롬 1:17] 복음에는 하나님의 의[義]가 나타나서 **믿음으로 믿음에 이르게 하나니** 기록된 바 **오직 의인은 믿음으로 말미암아 살리라** 함과 같으니라.

종교개혁자 마틴 루터는 다음과 같이 말했습니다.

　　믿음은 천국 문을 여는 열쇠다.

천국은 오직 믿음으로만 소유할 수 있는 '믿음의 나라'입니다.

둘째, 소망의 중요성입니다.
신앙생활에 있어서 소망도 매우 중요한 덕목입니다. 소망은 거듭난 하나님의 자녀들에게 하나님 아버지께서 주시는 '은혜의 선물'입니다.

　　[벧전 1:3-4] 우리 주 예수 그리스도의 아버지 하나님을 찬송하리로다 그의 많으신 긍휼대로 예수 그리스도를 죽은 자 가운데서 부활하게 하심으로 말미암아 **우리를 거**

듭나게 하사 산 소망[a living hope, NIV]이 있게 하시며 썩지 않고 더럽지 않고 쇠하지 아니하는 유업을 잇게 하시나니 곧 너희를 위하여 하늘에 간직하신 것이라.

하나님 아버지께서는 당신의 주권적인 뜻을 따라 당신의 자녀로 부르심을 입은 모든 자에게 분명한 약속을 주셨습니다.
그 약속이 무엇입니까?

[롬 8:28] … 하나님을 사랑하는 자, 곧 그의 뜻대로 부르심을 입은 자들에게는 모든 것이 합력하여 선을 이루느니라.

이런 견고한 하나님의 약속이 있기에 우리는 어떤 상황 속에서도 좌절하지 않고 이 약속의 말씀을 굳게 붙잡고 소망 가운데 살아갈 수 있습니다. 하나님의 주권적인 뜻 가운데서 그분의 자녀로 부르심을 입은 우리에게 찾아오는 모든 상황과 형편은 비록 지금 보기에는 심히 괴롭고 고통스러우며 불행한 일 같아도 결국에는 하나님의 선을 이루는 놀라운 도구가 됩니다.
그 사실을 분명히 확신하는 사람은 심지어 고난 가운데서도 기뻐하고 환난 중에서도 즐거워합니다. 그것은 환난은 우리가 가진 소망을 이루는 하나님의 놀라운 은혜의 도구가 되기 때문입니다.

[롬 5:3-4] 다만 이뿐 아니라 우리가 환난 중에도 즐거워하나니 이는 환난은 인내를, 인내는 연단을, 연단은 소망을 이루는 줄 앎이로다.

결국, 우리 환난의 종착역은 바로 소망입니다. 하나님의 자녀가 된 우리에게는 하나님께서 은혜의 선물로 주신 '산 소망'(a living hope)이 있습니다. 그 산 소망 때문에 우리는 인생을 살아가면서 때론 모진 비바람과 짙은 먹구름과 한 치 앞을 내다볼 수 없는 빽빽한 안개를 만나지만 포기하지 않고 끝까지 참고 견디며 이겨 나갑니다. 그래서 믿음의 선배들은 소망의 능력과 축복을 자주 고백하곤 했습니다.

청교도 목회자 윌리엄 젠킨(William Jenkyn)은 영국 국교회에 순응하지 않아 목사직(牧師職)을 면직당했습니다. 그리고 예배드리는 중에 침입한 군인들에게 붙잡혀 투옥되는 변고(變故)도 당했습니다. 그는 그와 같은 극심한 고난 중에서도 자신이 인내하며 승리했던 비결을 한 마디로 이렇게 표현합니다.

> 소망은 인내의 어머니다.
> (Hope is the mother of patience.)

그는 이런 고백도 했습니다.

> 이미 소유한 것뿐만 아니라 소망 중에 누릴 미래의 복 까닭에 주님을 찬양하는 것은 우리의 의무다.

기독교 희락주의자로 불리는 존 파이퍼 목사님(John Piper)은 『코로나와 그리스도』(Coronavirus and Christ)라는 책에서 소망의 중요성에 대해 이렇게 말합니다.

소망은 능력이다. 현재를 살아가는 능력이다. 소망의 목적은 미래에 있고, 소망의 경험은 현재에 있는 것이다. 그리고 현재의 경험은 능력이다.

사랑하는 여러분!

소망이 이처럼 중요한 이유가 있습니다. 그것은 우리가 소망하는 대상 때문입니다. 우리 소망의 진정한 대상은 하나님과 그분이 왕으로서 통치하시는 하늘나라입니다. 그러기에 소망이 중요하고, 능력이 있으며, 진정으로 복된 것입니다. 이 사실을 17세기 영국의 신실한 청교도 목회자며 유명한 설교자였던 토마스 브룩스(Thomas Brooks, 1608-1680)는 이렇게 지적합니다.

> 소망은 가장 짙은 먹구름 속에서도 하늘을 바라보는 것이다.
> (Hope is looking up at the sky even in the darkest clouds.)

그렇습니다. 하늘의 소망이 있기에 우리는 가장 짙은 인생의 먹구름 속에서도 하늘나라를 바라보며 즐거워합니다. 고난과 고통 가운데서도 천국을 바라보며 기뻐합니다. 불치의 질병이나 죽음 앞에서도 결코 희망을 잃지 않습니다. 왜냐하면, 천국의 영광스러운 소망 때문입니다. 우리는 사랑하는 사람을 먼저 떠나보내면서도 희망을 버리지 않습니다. 다시는 사망이 없고 애통하는 것이나 곡하는 것이나 아픈 것이 다시없는 천국에서 다시 만날 것을 소망하기 때문입니다.

우리의 육신이 날이 가면 갈수록 낡아지고 쇠약해지지만 우리는 낙심하거나 좌절하지 않습니다. 우리의 속사람은 날로 새로워지기 때문입니다.

우리가 돌아보고 소망하는 것은 잠깐 보이는 이 세상이나 이 세상 것이 아니라 보이지 않는 영원한 것이기 때문입니다.

> [고후 4:16, 18] 그러므로 우리가 낙심하지 아니하노니 우리의 겉사람은 낡아지나 우리의 속사람은 날로 새로워지도다 … 우리가 주목하는 것은 보이는 것이 아니요 보이지 않는 것이니 보이는 것은 잠깐이요 보이지 않는 것은 영원함이라.

우리는 소망으로 천국을 바라봅니다. 소망으로 천국 문을 두드립니다. 천국은 오직 소망으로만 들어갈 수 있는 '소망의 나라'입니다.

셋째, 사랑의 중요성입니다.

사랑은 가장 크고 첫째 되는 계명입니다. 사랑은 온 율법과 선지자의 강령(綱領)입니다. 구약성경 전체가 하나님 사랑과 이웃 사랑의 두 계명에 매달려 있습니다(hang on, 마 22:37-40). 사랑은 '율법의 완성'이기에 사랑하는 자는 온 율법을 다 이룬 자입니다.

> [롬 13:8-10] 피차 사랑의 빚 외에는 아무에게든지 아무 빚도 지지 말라 **남을 사랑하는 자는 율법을 다 이루었느니라** 간음하지 말라, 살인하지 말라, 도둑질하지 말라, 탐내지 말라 한 것과 그 외에 다른 계명이 있을지라도 **네 이웃을 네 자신과 같이 사랑하라** 하신 그 말씀 가운데 다 들었느니라 사랑은 이웃에게 악을 행하지 아니하나니 그러므로 **사랑은 율법의 완성이니라**.

사랑은 우리 신앙의 근본이며 본질이며 생명입니다. 사랑 없는 신앙, 그것은 참 신앙이 아닙니다. 주님은 처음 사랑을 저버린 에베소 교회를 향해 첫사랑을 회복하지 않으면 촛대를 그 자리에서 옮길 것이라고 엄중히 경고하셨습니다(계 2:4-5). 사랑은 주님께서 우리에게 주신 새 계명입니다. 사랑할 때 우리는 모든 사람으로부터 주님의 참된 제자로 인정받게 됩니다.

[요 13:34-35] 새 계명을 너희에게 주노니 서로 사랑하라 내가 너희를 사랑한 것 같이 너희도 서로 사랑하라 너희가 서로 사랑하면 이로써 모든 사람이 너희가 내 제자인 줄 알리라.

하나님은 사랑이십니다. 그러므로 사랑은 하나님의 본질적 속성, 즉 본성입니다.

[요일 4:7-8] 사랑하는 자들아 우리가 서로 사랑하자 **사랑은 하나님께 속한 것이니** 사랑하는 자마다 하나님으로부터 나서 하나님을 알고 사랑하지 아니하는 자는 하나님을 알지 못하나니 이는 **하나님은 사랑이심이라**.

주님께서 우리를 위해 십자가에서 죽으신 것은 우리에 대한 하나님 사랑의 확증이었습니다.

[롬 5:8] 우리가 아직 죄인 되었을 때에 **그리스도께서 우리를 위하여 죽으심으로** 하나님께서 우리에 대한 자기의 사랑을 확증하셨느니라.

허물과 죄로 영원히 죽었던 우리는 긍휼에 풍성하신 하나님의 그 큰 사랑을 인하여 그리스도와 함께 다시 살아났습니다.

> [엡 2:1-5] 그는 허물과 죄로 죽었던 너희를 살리셨도다 … 전에는 우리도 다 그 가운데서 우리 육체의 욕심을 따라 지내며 육체와 마음의 원하는 것을 하여 **다른 이들과 같이 본질상 진노의 자녀이었더니 긍휼이 풍성하신 하나님이 우리를 사랑하신 그 큰 사랑을 인하여 허물로 죽은 우리를 그리스도와 함께 살리셨고**(너희는 은혜로 구원을 받은 것이라).

이 아가페의 사랑이 우리를 하나님과 하나 되게 합니다. 우리가 사랑할 때 하늘에 계신 우리 아버지를 닮게 됩니다. 그리고 하나님 안에 온전히 거하게 되고, 하나님도 우리 안에 거하십니다.

> [요일 4:16] 하나님이 우리를 사랑하시는 사랑을 우리가 알고 믿었노니 **하나님은 사랑이시라 사랑 안에 거하는 자는 하나님 안에 거하고 하나님도 그의 안에 거하시느니라.**

사랑은 구원받은 하나님 자녀의 놀라운 특권인 동시에 엄숙한 의무이기도 합니다. 사랑은 우리 신앙생활의 목표입니다. 사랑은 천국의 '마그나 카르타'(Magna Carta), 대헌장(大憲章)이며, 천국의 대강령(大綱領)입니다. 천국의 헌법은 사랑입니다. 천국은 아가페의 사랑으로 가득한 '사랑의 나라'입니다.

이렇게 우리 신앙생활의 세 가지 덕목인 믿음, 소망, 사랑은 매우 중요합니다. 그리고 이 세 가지 덕목은 결코 나누어질 수 없고 끊어질 수 없습니다. 왜냐하면, 서로에 근거가 되고 서로를 보충하기 때문입니다. 셋 중에서 어느 하나라도 없으면 그 나머지 둘도 의미를 상실하게 됩니다.

그 이유를 살펴보겠습니다.

첫째, 믿음과 소망은 결코 나누어질 수 없습니다.

믿음이 없으면 소망을 가질 수 없습니다. 믿음으로 우리는 이 세상의 삶과 내세의 삶에 대한 소망을 갖게 되었습니다.

하나님을 신뢰하지 않는데, 어떻게 참된 소망을 가질 수 있습니까?

믿음이 소망을 갖게 한 것입니다. 또 소망 없이는 믿음이 있을 수 없습니다.

하나님을 소망하지 않는데, 어떻게 참된 믿음을 가질 수 있습니까?

소망이 믿음을 갖게 한 것입니다. 따라서 소망이 없으면 믿음의 삶은 불가능하고 우리 믿음은 공허하게 됩니다.

둘째, 믿음과 사랑도 결코 나누어질 수 없습니다.

믿음이 없으면 참된 사랑도 가질 수 없습니다. 우리는 예수 그리스도를 믿음으로 하나님의 아가페 사랑을 체험하게 됩니다. 또 하나님을 사랑함으로 더욱 하나님을 믿고 신뢰하게 됩니다. 따라서 믿음이 없는 사랑은 단지 감상(感想)에 불과합니다. 그리고 사랑이 없는 믿음은 헛된 것입니다.

셋째, 소망과 사랑도 결코 나누어질 수 없습니다.

사랑하기에 우리는 기다리고 소망합니다. 따라서 사랑이 없는 소망은 힘을 잃게 되어 쉽게 절망하게 됩니다. 그리고 소망이 없는 사랑은 힘이 없고 무력해집니다.

아무런 소망이 없는데, 어떻게 사랑이 힘이 있고 능력이 있겠습니까?

이렇게 믿음, 소망, 사랑 이 세 가지 덕목은 결코 뗄 수 없는 상호 유기적 관계를 맺고 있는 복음의 핵심적인 요소입니다.

사랑하는 성도 여러분!

이 시간 우리는 우리 신앙생활의 세 가지 덕목인 믿음, 소망, 사랑의 중요성과 결코 나누어질 수 없음을 살펴보았습니다.

믿음은 우리 신앙생활과 인생에 있어서 얼마나 중요합니까?

믿음은 가장 위대한 힘이며 능력입니다. 오직 의인은 믿음으로 말미암아 살게 될 것입니다. 믿음이 없다면 우리는 결단코 하나님을 기쁘시게 할 수 없습니다. 우리 신앙생활은 믿음으로 믿음에 이르는 생활이다. 우리는 믿음으로 신앙생활을 시작해서 일평생 믿음으로 신앙생활하다가 마지막 죽을 때도 믿음으로 죽어 영원한 천국에 들어갑니다. 천국은 오직 믿음으로만 소유할 수 있는 '믿음의 나라'입니다.

소망도 우리 신앙생활과 인생에 있어서 참으로 중요합니다. 소망은 거듭난 하나님의 자녀들에게 하나님 아버지께서 주시는 '은혜의 선물'입니다. 하나님과 하늘나라에 대한 산 소망으로 인해 우리는 때때로 인생의 폭풍우와 짙은 먹구름을 만나지만 끝까지 참고 견디며 이겨 나갑니다. 우리는 소망으로 천국을 바라보고, 소망으로 천국 문을 두드립니다. 천국은 오직 소망으로만 들어갈 수 있는 '소망의 나라'입니다.

사랑의 중요성은 아무리 강조해도 지나치지 않습니다. 사랑은 온 율법과 선지자의 강령(綱領)으로 가장 크고 첫째 되는 계명입니다. 사랑은 '율법의 완성'이기에 사랑하는 자는 온 율법을 다 이룬 자입니다. 사랑은 주님께서 주신 새 계명으로 우리가 주님의 제자임을 보증하는 명백한 증표가 됩니다.

우리가 사랑할 때 하늘에 계신 우리 아버지를 닮게 됩니다. 그리고 사랑할 때 우리가 하나님 안에 온전히 거하게 되고, 하나님도 우리 안에 거하십니다. 사랑은 우리 신앙의 근본이며 본질이며 생명입니다. 사랑은 우리 신앙생활의 목표입니다. 천국은 사랑으로 가득한 '사랑의 나라'입니다.

이렇게 믿음, 소망, 사랑은 우리 신앙생활의 바탕이 되는 세 가지 덕목으로 너무나 중요합니다. 그리고 이 세 가지 덕목은 결코 나눌 수 없고 분리할 수 없는 일체가 되는 덕목입니다. 그러기에 믿음, 소망, 사랑, 이 세 가지 덕목의 중요성을 늘 기억하고, 날마다의 삶 속에서 간절히 추구하며 사십시오. 그때 여러분은 성령의 도우심으로 믿음, 소망, 사랑으로 충만하여 최후 승리자로 주님 앞에 서게 될 것입니다. 그리하여 지금 이 세상과 오는 세상에서 영원토록 복된 자가 될 것입니다.

제14장
아가페 사랑의 지고성(至高性)

[고전 13:13] 그런즉 믿음, 소망, 사랑, 이 세 가지는 항상 있을 것인데 그 중의 제일은 사랑이라.

위대한 '사랑 장'인 '고린도전서 13장 강해' 설교가 이제 대단원의 막을 내리게 되었습니다. '고린도전서 13장 강해'를 준비하고 설교하면서 이전보다 '사랑의 삶'을 실천하는데 진보가 있는 것 같아서 감사할 따름입니다.
여러분은 어떻습니까?
지난 시간에 우리는 신앙생활의 중요한 세 가지 덕목인 믿음, 소망, 사랑이 얼마나 중요한지를 살펴보았습니다. 그리고 이 세 가지 덕목이 결코 나누어질 수 없음도 보았습니다.
그렇다면 이 세 가지 중요한 덕목인 믿음, 소망, 사랑은 언제까지 계속됩니까?

어떤 사람들은 사랑이 믿음이나 소망보다 더 위대하다는 사실을 설명하기 위해 믿음이나 소망은 천국에서는 소용이 없을 것이라고 주장합니다. 그들은 믿음은 보는 것으로 바뀌고, 소망은 마침내 이루어질 것이라고 말합니다. 따라서 믿음과 소망은 이 세상을 살아가는 동안에만 필요하고 천국에 들어가면 사랑만 필요하다고 합니다. 즉, 천국은 믿음과 소망의 종착역(終着驛)이라는 것입니다.

이 사실을 초기 한국 교회의 목회자들은 '가마 행렬의 비유'를 통해 설명했습니다. 결혼하는 신부를 가마에 태우고 신랑에게로 갈 때, 앞에서 들고 가는 가마꾼은 멀리 신랑이 있는 집을 바라보면서 '소망' 중에 빠른 걸음으로 갑니다. 뒤에서 가마를 들고 가는 가마꾼은 앞이 가려져 있기에 전혀 신랑이 있는 곳을 볼 수 없고 가마만 보이지만 그 가마가 반드시 신랑이 있는 곳으로 갈 것이라는 '믿음'을 가지고 앞에 있는 가마꾼이 인도하는 대로 열심히 뒤따라갑니다.

앞에서 가마를 들고 가는 가마꾼은 '소망'이고, 뒤에 있는 가마꾼은 '믿음'이며, 가마 안에 있는 신부는 '사랑'이라고 설명합니다. 결국, 하늘나라에 들어가게 되면 우리의 소망은 다 이루어졌기에 더 이상 필요하지 않다고 합니다. 또, 우리가 믿는 바도 다 성취되었기에 더 이상 필요하지 않다고 합니다. 이제는 오직 사랑만이 천국에 들어가서 영원히 존재한다고 합니다. 그런 내용의 비유입니다.

그런데 이 '가마 행렬의 비유'를 사용하여 이 구절을 설명하는 것은 합당하지 않습니다. 왜냐하면, "믿음과 소망과 사랑은 항상 있을 것인데"에서 주어가 믿음과 소망과 사랑, 복수이기에 '있다'라는 동사도 원래 복수형으로 쓰여야 합니다. 그러나 본문에서는 3인칭 단수형의 동사인 '메네이'(remains, abides)를 사용하고 있습니다. 그것은 성경이 믿음과 소망과 사랑을 각각 다른 별개로 본 것이 아니라 서로 밀접하게 연관되는 하나로 보았기 때문입니다. 믿음과 소망과 사랑은 결코 나누어질 수 없기에 성경은 여러 곳에서 이 세 가지를 함께 언급합니다(롬 5:1-5; 골 1:4 이하; 살전 1:3 이하; 히 10:22 이하).

> [골 1:4-5] 이는 그리스도 예수 안에 **너희의 믿음과** 모든 성도에 대한 **사랑**을 들었음이요 너희를 위하여 **하늘에 쌓아둔 소망**을 말미암음이니 ….

> [살전 1:3] 너희 **믿음의 역사[役事]**와 **사랑의 수고**와 우리 주 예수 그리스도에 대한 **소망의 인내**를 우리 하나님 아버지 앞에서 끊임없이 기억함이니.

성경은 믿음과 소망은 이 땅에서만 있고 천국에서는 없어질 것이라고 말씀하지 않습니다. 오히려 "이 세 가지는 항상 있을 것"이라고 말씀합니다. 이렇게 성경은 믿음과 소망도 사랑과 마찬가지로 천국에서도 영원히 계속될 것이라고 말씀합니다.

또 우리가 앞에서도 살펴보았던 것처럼 "믿음, 소망, 사랑 이 세 가지는 항상 있을 것"이라고 했을 때 3인칭 단수 동사 '메네이'를 사용하고 있는데 이 동사의 시제가 현재형입니다. 헬라어에서 현재 시제는 현재의 사실과 함께 지속되는 사실을 나타낼 때 쓰입니다.

따라서 "믿음, 소망, 사랑"은 이 세상뿐만 아니라 내세에서도 지속될 것이라는 의미를 지니고 있습니다. 즉, 항상 계속해서 있을 것은 하나인데 그것은 바로 "믿음, 소망, 사랑"입니다.

1. 믿음은 영원히 존재합니다

　믿음의 본질은 하나님께 대한 신뢰입니다. 그러므로 하나님을 신뢰하는 믿음은 이 땅에서뿐만 아니라 천국에서도 여전히 필요합니다. 이 땅에서의 우리 믿음이 연약하고 부족한 믿음이라면 천국에서의 우리 믿음은 강하고 온전한 믿음이 될 것입니다. 우리가 하나님을 알아 가면 알아갈수록 하나님께 대한 우리의 신뢰도 더욱 커지게 됩니다.

　천국에서 우리는 이 땅에서보다 더 깊이 하나님을 알아가게 될 것입니다. 비록 우리가 피조물이기에 천국에서도 창조주이신 하나님을 완전하게 알 수는 없겠지만, 끝없이 알게 되는 하나님에 대한 점증(漸增)하는 지식은 갈수록 하나님께 대한 신뢰를 더욱 깊게 할 것입니다.

　한 남자와 한 여자가 만나서 결혼을 약속한 후 약혼한 상태에서도 상대방에 대한 믿음이 필요합니다. 하지만, 그들 사이에 오히려 믿음이 더 필요한 것은 결혼하고 난 후입니다. 마찬가지입니다. 우리가 이 땅에서 주님과 약혼한 자로서 살아갈 때 주님을 믿고 신뢰하는 것이 필요합니다.

　하지만, 주님께서 재림하셔서 우리가 그분의 신부로서 어린양 혼인 잔치에 참여한 후 천국에서 영원한 신랑이신 주님과 함께 살 때는 주님을 더욱 믿고 더욱더 신뢰하며 살아야 할 것입니다. 그러기에 믿음은 영원합니다. 천국은 '믿음의 나라'입니다.

2. 소망도 영원히 존재합니다

　소망도 믿음과 마찬가지로 천국에서도 영원합니다. 왜냐하면, 소망의 본질이 '약속된 것을 기대하며 바라는 것'이기 때문입니다. 우리가 천국에 들어간다는 것이 결코 더 이상 기대하며 바랄 것이 없다는 말이 아닙니다. 오히려 천국에서 우리의 소망은 더욱 커지며 활발해질 것입니다.

　우리는 천국에서 존귀하신 주님의 입으로부터 나오는 말씀을 들을 것입니다. 하나님의 얼굴을 직접 보면서 예배하고 찬양하며 그분을 높일 것입니다. 충만한 기쁨과 감사와 감격으로 그분을 섬길 것입니다. 더욱 주님을 의지하면서 그분과 더불어 아름답고 깊고 풍성한 교제를 영원토록 나눌 것입니다. 그렇게 하면서 우리는 주님을 더 깊이 알아갈 것입니다.

　그러므로 천국에서 주님은 더욱 영광스럽고 복된 우리의 '산 소망'(the Living Hope)이 되실 것입니다. 우리는 계속해서 주님을 기대하고 바랄 것입니다. 주님께서 베풀어 주시는 놀라운 은총과 사랑을 더욱 소망하며 살아갈 것입니다. 따라서 주님께 대한 우리의 소망은 이 땅에서도 계속되지만, 천국에서도 영원히 계속됩니다. 그러므로 소망은 끝이 없습니다. 소망은 영원합니다. 천국은 '소망의 나라'입니다.

3. 사랑도 영원히 존재하며 지고(至高)한 것 입니다

[고전 13:13] 그런즉 믿음, 소망, 사랑 이 세 가지는 항상 있을 것인데 ….

예언도 폐합니다. 방언도 그칩니다. 지식도 폐합니다. 모든 은사도 다 사라집니다. 그러나 "믿음, 소망, 사랑, 이 세 가지는 항상 있을 것입니다." 영원히 존재할 것입니다. 그런데 성경은 이 항상 있는 것, 영원히 존재하는 것, 불멸(不滅)의 것, 가장 귀하고 소중하고 위대한 이 세 가지 가운데서도 제일은 '사랑'이라고 말씀합니다.

[고전 13:13] 그런즉 믿음, 소망, 사랑, 이 세 가지는 항상 있을 것인데 그 중의 제일은 사랑이라.

여기서 '제일은'의 헬라어 '메이존'는 "최고의 것, 지고(至高)의 것"(the greatest, KJV, RSV, NIV, Living Bible)이라는 뜻입니다. 이처럼 성경은 사랑은 믿음과 소망을 포함하여 모든 것 가운데서 최고의 것, 지고(至高, supremacy)의 것이라고 말씀합니다.

그렇다면 왜 사랑이 믿음이나 소망보다 더 위대합니까?

첫째, 사랑은 하나님의 본질적인 성품이기 때문입니다.
하나님은 사랑이십니다. 따라서 사랑은 하나님께 속한 것입니다.

[요일 4:7-8] 사랑하는 자들아 우리가 서로 사랑하자 **사랑은 하나님께 속한 것이니** 사랑하는 자마다 하나님으로부터 나서 하나님을 알고 사랑하지 아니하는 자는 하나

님을 알지 못하나니 이는 **하나님은 사랑이심이라**.

이처럼 하나님이 사랑이시기에 하나님의 존재와 성품, 하나님의 모든 행위의 동기, 하나님께서 인간을 비롯한 모든 피조물과 맺으시는 모든 관계의 바탕은 바로 사랑입니다. 성경은 "하나님은 믿음이시다"라거나 "하나님은 소망이시다"라고 말씀하지 않습니다. 하나님은 사랑을 가지고 계실 뿐만 아니라 그분 자신이 바로 사랑이십니다.

따라서 우리가 서로 사랑할 때 하나님이 우리 안에 거하시고 하나님의 사랑이 우리 안에 온전히 이루어지게 됩니다.

> [요일 4:12] 어느 때나 하나님을 본 사람이 없으되 만일 **우리가 서로 사랑하면** 하나님이 우리 안에 거하시고 그의 사랑이 우리 안에 온전히 이루어지느니라.

이렇게 하나님의 사랑이 우리 안에 거하시고 온전히 이루어질 때 우리는 하나님의 형상을 닮게 됩니다. 유명한 주석가 뱅겔(J. A. Bengel, 1686-1752)은 말합니다.

> 사랑만이 그리스도인들로 하여금 하나님을 닮게 한다.

믿음이나 소망은 우리를 하나님께 연결시키지만, 사랑은 하나님의 본성과 성품 그 자체입니다. 그러므로 사랑은 믿음보다 더 위대하고, 소망보다 더 위대합니다.

둘째, 사랑이 없이는 믿음과 소망이 존재할 수 없기 때문입니다.

사랑은 믿음과 소망을 갖게 하는 내적 근거와 원동력이 됩니다. 사랑이 없으면 믿음과 소망의 근거가 없어지기에 믿음과 소망이 산출될 수 없습니다. 그리고 믿음과 소망이 더 이상 지속될 수도 없습니다. 따라서 사랑이 없이는 믿음과 소망이 아무 소용이 없습니다. 사랑이 없이는 아무것도 아닙니다.

우리에게 믿음과 소망이 있는 것은 성령으로 말미암아 하나님의 사랑이 먼저 우리에게 부어졌기 때문입니다(롬 5:5). 하나님의 사랑을 기초로 하여 그 위에 우리의 믿음과 소망이 세워집니다. 우리가 하나님을 믿고, 그분을 소망할 수 있는 것은 먼저 하나님께서 우리를 사랑하셨기 때문입니다. 결국, 사랑은 믿음과 소망의 근거며 뿌리며 원천이며 원동력입니다.

그러므로 사랑 없는 믿음은 존재할 수 없습니다. 그리고 사랑 없는 소망도 결코 존재할 수 없습니다. 성경은 산을 옮길 만한 믿음이 있을지라도 사랑이 없으면 아무것도 아니라고 말씀합니다. 마찬가지로 사랑이 없는 그 어떠한 소망도 아무것도 아닙니다. 따라서 사랑은 믿음이나 소망보다 더 위대합니다.

셋째, 사랑은 그 자체가 목적이기 때문입니다

믿음은 하나님과 그분의 약속을 믿고 신뢰하는 것으로 하나님의 은혜와 축복을 누리게 만드는 수단이며 방편(方便)입니다. 소망도 역시 그러합니다. 소망도 그 자체가 목적이 아니라 수단이며 방편입니다. 우리가 소망한다는 것은 나에게 무엇인가가 돌아올 것을 기대하며 바라는 것입니다. 그것은 하나님을 바라며 그분의 역사(役事)하심을 기대하는 것입니다.

그러나 사랑만은 사랑 그 자체가 목적입니다. 아가페의 사랑은 믿음이나 소망과는 달리 무엇을 얻기 위한 것이 아닙니다. 그것은 아무런 응답이나 받을 것을 기대하지 않고 주는 것입니다. 가장 귀한 것을 아낌없이 다 주는 것입니다.

[요 3:16] 하나님이 세상을 이처럼 사랑하사 독생자[獨生子]를 주셨으니 ….

사랑은 상대방으로부터 아무런 응답이 없어도 사랑합니다. 사랑할 이유와 사랑해야 할 까닭이 없어도 사랑합니다. 이것이 하나님의 사랑, 아가페 사랑의 본질입니다. 사랑은 무엇을 받을까 기대하지도 않고 거저 주고, 또 주고, 계속 주는 것입니다. 아가페의 사랑은 받는 데서가 아니라 주는 데서 참된 기쁨과 만족을 누립니다. 그러기에 사랑은 믿음이나 소망보다 더 아름답고 더 고상하고 더 위대합니다.

넷째, 사랑은 상대방에게 초점이 있기 때문입니다.

믿음과 소망은 나에게 초점이 있고 나 자신의 유익과 관련이 있습니다. 그러나 아가페 사랑의 초점은 내가 아닙니다. 나 자신의 유익과도 아무런 상관이 없습니다. 아가페 사랑의 초점은 하나님과 이웃입니다. 나 자신의 유익을 위한 것이 아니라 하나님의 유익과 이웃의 유익을 위한 것입니다. 이처럼 사랑은 이타적인 것이기에 믿음과 소망보다 더 고상하고 더 아름답고 더 위대하고 지고한 것입니다.

다섯째, 사랑은 우리 신앙생활과 인생의 궁극적인 목표이기 때문입니다.

우리 인간은 어머니 태 속에 잉태되는 순간부터 이 세상을 떠나는 순간까지 단 한 순간도 사랑 없이는 살 수 없는 존재입니다. 우리는 사랑을 먹고 자라는 나무입니다. 사랑은 우리 삶의 가장 기본적인 요소와 욕구입니다. 사랑이 있으면 생명이 있고 삶의 의미가 있습니다. 하나님의 아가페 사랑은 우리 삶에 있어서 단단하고 안정되고 견고한 기초입니다. 온 우주의 가장 강력한 힘입니다.

영국의 유명한 평신도 신학자였던 C. S. 루이스(Clive Staples Lewis, 1898-1963)는 말합니다.

> 우리는 에로스(Eros, 이성적[異性的] 사랑)에 의해 태어나고, 스토르게(Storge, 부성애[父性愛]와 모성애[母性愛])에 의해 양육되고, 필레오(Phileo, 우정)에 의해 성숙하고, 아가페 사랑으로 완성된다.

우리는 사랑함으로 태어났고 사랑함으로 자라갑니다. 사랑함으로 변화되고 사랑함으로 성숙합니다. 사랑함으로 살아가고, 사랑함으로 죽습니다. 그리고 사랑함으로 하늘의 영원한 아버지 집으로 들어가 영원히 사랑하며 살게 됩니다. 에로스와 스토르게와 필레오 등, 인간의 모든 사랑은 이 하나님의 아가페 사랑에 근거해야 합니다. 그때에야 비로소 우리는 그 어떤 장애물과 난관도 능히 뚫고 참된 사랑을 실천하게 됩니다. 그리고 영원한 사랑으로 나아가게 됩니다. 그러기에 우리는 신앙생활과 인생의 궁극적인 목표를 사랑에 두어야 합니다.

사랑하는 성도 여러분!

믿음, 소망, 사랑, 이 세 가지는 항상 있을 것입니다. 영원토록 존재할 것입니다. 그런데 그중에서도 이 세상과 오는 세상을 통틀어서 가장 위대하고, 가장 소중하고, 가장 아름답고, 가장 복스럽고, 가장 영광스러운 것은 바로 사랑입니다. 사랑은 면류관 중의 면류관입니다. 보석 중의 보석입니다. 사랑은 지고(至高)의 것이며, 최고(最高)의 것이며, 최상(最上)의 것입니다.

이렇게 소중하고 중요한 아가페 사랑을 우리는 예수 그리스도를 믿고 구원받은 그 순간 십자가를 통해 깊이 체험했습니다. 우리는 십자가를 통해서 하나님의 가장 귀한 독생자 예수 그리스도를 죄인인 우리를 위해 아낌없이 주시는 하나님의 아가페 사랑을 실제로 체험했습니다. 그리고 성령으로 말미암아 그 사랑이 우리 안에 부어졌고, 또 지금도 성령을 통하여 그 사랑은 우리 안에서 역사하고 있습니다.

그렇다면 십자가를 통해서 아가페 사랑을 경험했고, 또 지금도 우리 안에서 역사하고 있는 아가페 사랑을 우리는 얼마나 삶 속에서 구체적으로 실천하며 살고 있습니까?

가정에서는 어떻습니까?

직장과 일터에서는 어떻습니까?

교회에서는 어떻습니까?

사회에서는 어떻습니까?

혹시 오늘 우리의 모습이 고린도 교회 성도들처럼 영원하고 완전하고 지고(至高)한 아가페 사랑은 등한히 여기고 순간적이고 불완전하고 차원이

낮은 것들을 사모하고 추구하며 자랑하고 있지는 않습니까?
옛날 에베소 교회 성도들처럼 처음 사랑을 잃어버리고 사랑 없이 메마른 심령으로 주님을 섬기고 있지는 않습니까?
사랑 없이 가족을 대하고, 사랑 없이 믿음의 형제를 대하고, 사랑 없이 이웃을 대하지는 않습니까?

만약 우리의 삶 속에 사랑이 없다면 우리는 아무것도 아닙니다. 우리가 하는 그 어떠한 일도(예배, 기도, 봉사, 헌신, 전도, 선교, 충성) 아무 소용이 없습니다. 그러므로 이제부터라도 처음 주님을 만나 사랑했던 그 첫사랑의 감격을 회복하여 그 첫사랑으로, 전심으로 주님을 사랑합시다. 아가페 사랑으로 가족들을 사랑하고, 믿음의 지체들을 사랑하고, 이웃들을 사랑합시다.
그래서 하나님의 사랑 안에 온전히 거합시다. 그리고 우리가 행하는 모든 일이 참으로 하나님이 기뻐 받으시는 '산 제물'(living sacrifices)이 되도록 합시다. 그래서 하나님을 영화롭게 하고 우리가 속한 공동체를 복되게 만들며 다른 사람들에게도 유익과 행복을 주는 참된 사랑의 사람, 아가페 사랑의 사람이 됩시다.

[고전 13:13] … 믿음, 소망, 사랑 이 세 가지는 항상 있을 것인데 그중의 제일은 사랑이라.